名师名校名校长

凝聚名师共识
回应名师关怀
打造名师品牌
培育名师群体

务本·求真

基于学科核心素养提升的
小学语文教学研究与实践

安永 著

中国出版集团　现代出版社

图书在版编目（CIP）数据

务本·求真：基于学科核心素养提升的小学语文教学研究与实践 / 安永著. — 北京：现代出版社，2022.3

ISBN 978-7-5143-9777-2

Ⅰ.①务… Ⅱ.①安… Ⅲ.①小学语文课—教学研究 Ⅳ.①G623.202

中国版本图书馆CIP数据核字（2022）第042009号

务本·求真：基于学科核心素养提升的小学语文教学研究与实践

作　　者	安　永	
责任编辑	张　璐	
出版发行	现代出版社	
地　　址	北京市安定门外安华里504号	
邮政编码	100011	
电　　话	010-64267325　64245264	
网　　址	www.1980xd.com	
印　　制	北京政采印刷服务有限公司	
开　　本	710mm×1000mm　1/16	
印　　张	12	
字　　数	192千	
版　　次	2022年3月第1版　　2022年3月第1次印刷	
书　　号	ISBN 978-7-5143-9777-2	
定　　价	58.00元	

目 录

第 一 章

核心素养与小学语文
学科核心素养

　　进入21世纪以来，世界各国对"核心素养"的研究如火如荼。最早提出核心素养的是经济合作与发展组织（OECD）。此外，美国、英国、法国、德国、新加坡等，也都对"核心素养"进行了持续的研究。2014年，在《教育部关于全面深化课程改革落实立德树人根本任务的意见》（教基二〔2014〕4号）中指出："要根据学生的成长规律和社会对人才的需求，把对学生德智体美全面发展总体要求和社会主义核心价值观的有关内容具体化、细化，深入回答'培养什么人、怎样培养人'的问题。教育部将组织研究提出各学段学生发展核心素养体系，明确学生应具备的适应终身发展和社会发展需要的必备品格和关键能力，突出强调个人修养、社会关爱、家国情怀，更加注重自主发展、合作参与、创新实践。"文件对"核心素养"的主要内涵、主要内容都做了明确的表述。2017年，我国正式颁布围绕核心素养修订的《普通高中语文课程标准（2017年版2020年修订）》，为高中语文的教学设计、教学实践、教学评价指明了方向。要发展学生的语文核心素养，就需要在语文教学过程中加以培养，要从小学开始培养，并且认为"核心素养将引领语文课堂教学改革的发展"。那么，如何通过小学语文教学改革落实好发展学生核心素养的历史重任呢？在不断地思考与实践中，通过小学语文教学改革的研究，探索在语文教学中有效落实学生发展核心素养的主要方式。

第一节　核心素养与学科核心素养

何为素养？简单地说，素养指的是沉淀在人身上的对人的发展、生活、学习有价值、有意义的东西。

素养与我们常说的素质有着不同之处。"素质"就其本义而言，指的是人生而有之、先天具备的东西。按照《现代汉语词典》的解释："素"，即本色；"素质"，即①事物本来的性质。②人的神经系统和感觉器官上的先天特点。从这个角度来说，素质是与生俱来的、纯先天的，是人发展的基础、可能性和条件，对一个人发展的水平和质量有着重要的甚至决定性的影响。而素养与素质相比，有以下两个特征：一是素养具有主观能动性，是后天形成的，我们并不是生来就具备某些素养，而是后天渐渐习得的；二是素养包含各类行为，而不是单一的某个行为，素养表现为若干技能和行为的复杂集合。

通过教育使学生获得什么样的素养，如知识技能、精神品质等，以使其能更好地满足个体实现、国家发展与社会进步的需求，成为教育面临的核心问题。在信息化、全球化、知识经济的新时代，培养学生的核心素养成为世界范围内教育改革与发展的重要课题。

学生的核心素养涉及知识、技能、情感态度与价值观等多个方面，是个体适应未来社会、促进终身学习、实现全面发展的基本保障。学生核心素养的形成不仅能促进其全面发展，还有助于更好地发挥其在未来社会发展中的作用。为了实现这一目标，国际组织和各主要发达国家纷纷建立起相应的核心素养体系，并以此启动基于核心素养的教育改革。由于世界各国的教育境况不尽相同，核心素养的结构以及它对教育改革的影响和意义也大不相同。

由联合国教科文组织1996年出版、欧洲委员会前主席雅克·德洛尔任主席的国际21世纪教育委员会向联合国教科文组织提交的报告《学习：内在的财富》（Learning: The Treasure Within，亦称《德洛尔报告》，国内曾译为《教育：财富蕴藏其中》），提出了21世纪教育的整体愿景。《学习：内在的财富》与联合国教科文组织1972年出版的《学会生存——教育世界的今天和明天》一样，被普遍认为是世界教育和学习思想领域具有里程碑式意义的文献。终身教育的四大支柱："学会认知""学会做事""学会共同生活""学会生存"。2003年，欧洲《核心素养促进成功的生活和健全的社会》出现"核心素养"概念。培养什么样的人顺利进入生存、生活和发展？美国的21世纪学生核心素养包括创新能力、批判思维、合作能力、交流能力。

自20世纪末以来，经济合作与发展组织、联合国教科文组织、欧盟等组织以及美国、日本、芬兰等发达国家已纷纷开展核心素养的相关研究，试图通过建构适应本国或地区的核心素养体系以推动教育的新发展，为进一步增强本国和地区的竞争实力，提升人才培养的质量。

"我国基础教育和高等教育阶段学生核心素养总体框架研究"项目始于2013年5月，受教育部基础教育二司委托，由北京师范大学林崇德教授牵头组织。项目由北京师范大学牵头，华南师范大学、河南大学、山东师范大学、辽宁师范大学共同承担。该项目力图通过开展深入的基础理论研究和国际比较研究，在充分调研的基础上，结合我国实际，对学生核心素养的概念内容进行深入研究，制定出我国基础教育阶段和高等教育阶段学生核心素养的总体结构框架，并依据总体框架研制不同教育阶段学生核心素养的结构模型，进一步形成可操作、可测量、可评价的指标体系。

关于核心素养的界定，林崇德教授认为：核心素养是学生在接受相应学段的教育过程中，逐步形成的适应个人终身发展和社会发展需要的必备品格与关键能力。它是关于学生知识、技能、价值观等多方面要求的结合体；它指向过程，关注学生在其培养过程中的体悟，而非结果导向；同时核心素养兼具稳定性、开放性和发展性，是一个伴随终身、可持续发展、与时俱进的动态优化过程，是个体能够适应未来社会、促进终身学习、实现全面发展的基本保障。

根据已发布的《中国学生发展核心素养》研究成果，核心素养以培养"全面发展的人"为核心，分为文化基础、自主发展、社会参与三个方面，综合表现为人文底蕴、科学精神、学会学习、健康生活、责任担当、实践创新六大素养，具体细化为国家认同、理性思维等十八个基本要点。其中，"文化基础"重在强调能习得人文、科学等各领域的知识和技能，掌握和运用人类优秀智慧成果，涵养内在精神，追求真善美的统一，发展成为有宽厚文化基础、有更高精神追求的人；"自主发展"重在强调能有效管理自己的学习和生活，认识和发现自我价值，发掘自身潜力，有效应对复杂多变的环境，成就出彩人生，发展成为有明确人生方向、有生活品质的人；"社会参与"重在强调能处理好自我与社会的关系，养成现代公民所必须遵守和履行的道德准则与行为规范，增强社会责任感，提升创新精神和实践能力，促进个人价值实现，推动社会发展进步，发展成为有理想信念、敢于担当的人。

十八个基本要点则从更细微的角度对核心素养加以阐释，其中不少要点直指当前教育改革过程中的难点与痛点，让人眼前一亮。例如，提出"批判质疑"，要求学生具有问题意识；能独立思考、独立判断；思维缜密，能多角度、辩证地分析问题，做出选择和决定。提出"审美情趣"，要求学生具有艺术知识、技能与方法的积累；能理解和尊重文化艺术的多样性，具有发现、感知、欣赏、评价美的意识和基本能力。再如，提出"珍爱生命"和"健全人格"，要求学生理解生命的意义和人生价值，具有积极的心理品质，自信自爱，坚韧乐观；有自制力，能调节和管理自己的情绪，具有抗挫折能力等。针对当前学生的动手能力和解决问题能力不足的问题，本次核心素养框架也正式提出了"问题解决"的关键词，要求学生善于发现和提出问题，具有在复杂环境中行动的能力。

教育教学强调对核心素养的培养，其意义就在于核心素养是教育本质的回归。

　　教育的本质是什么？数千年来，无数的人在探索，也留下了无数的答案与实践。曾经有教师询问美国年度教师雷夫："你既教语文，又教历史，还教戏剧，你究竟教什么？"雷夫老师回答："我不是教课的，我是教人的。"同样地，曾经有教师询问北京十一学校的李希贵校长："你们学校教师是怎么教的？"李希贵校长毫不迟疑地回答："我们学校的老师不是教课的，我们是教人的。"

　　因此，教育向人的本质回归，向核心素养回归，核心素养教育的提出是正本清源，教育教学要重在发展学生的核心素养。"学生发展核心素养"是指学生应具备的，能够适应终身发展和社会发展需要的必备品格与关键能力，是关于学生知识、技能、情感态度与价值观等多方面要求的综合表现，是每一名学生获得成功生活、适应个人终身发展和社会发展都需要的、不可或缺的共同素养，其发展是一个持续终身的过程。可教可学，最初在家庭和学校中培养，随后在人的一生中不断完善。

　　学生核心素养的培养要贯穿在教育教学的全过程中，要通过具体的课程和学科实现。《教育部关于全面深化课程改革落实立德树人根本任务的意见》中明确指出："把核心素养和学业质量要求落实到各学科教学中。"

　　学科核心素养是基于学科背景的核心素养，是核心素养的学科化理解、学科化表达。在对学科核心素养的理解中，既要强调核心素养的基础定位，又要突出核心素养的学科意义。这相当于是在处理学生发展核心素养和学科核心素养的内在对应关系。这个问题如果处理得好，不仅能保证学生发展核心素养的落实，也有利于体现学科的特色与价值。

　　因此，学科核心素养在学生核心素养框架下，突出学科价值的个性与学生成长的综合性、整体性的有机结合，是该学科对于学生成长的意义和价值所在。学科核心素养是核心素养的基础性作用在学科意义上的呈现，是核心素养的育人功能与学科价值的有机结合，是该学科实现立德树人根本任务的价值所在。

第二节　小学语文学科核心素养的理解

《义务教育语文课程标准（2011年版）》（以下简称"新课标"）指出：语文课程是一门学习语言文字运用的综合性、实践性课程，工具性与人文性的统一是语文课程的基本特点。同时，课程标准中也强调，语文课程必须面向全体学生，使学生获得基本的语文素养。生活处处有语文，因此，语文课程也应该是开放且有活力的。课程标准中还强调，在读书、积累、感悟的同时，应密切关注现代社会发展的需要，拓宽语文学习和运用的领域，注重跨学科的学习和现代科技手段的运用，使学生在不同内容和方法的相互交叉、渗透与整合中开阔视野，提高学习效率，初步养成现代社会所需要的语文素养。由此可见，语文课程的人文性与工具性、综合性与实践性、开放性等特点都指向了素养的提升和发展。

国内许多专家、学者也针对语文学科的特点进一步提出了语文学科的具体核心素养要求。

王尚文教授认为，"语文素养必须适应社会生活交往、对话的需要"，并且把语文素养的内涵界定为"出于真诚对话的愿望，准确理解对方的话语形式与话语意图；精确妥帖地运用祖国语言文字表情达意，进行最有效的交流"，从语言运用的角度对语文素养进行了描述，进而分析语文素养和语感、人文素养之间的关系。

华东师范大学巢宗祺教授认为，"语文素养"指学生平时在语文方面的修养，包括对祖国语文的思想感情、语言的积累、语感、思维，也包括一些语文能力，如识字写字能力、阅读能力、口语交际能力和习作能力，另外还有品德修养、审美情趣等，这些都涵盖在语文修养的范围内。

陈金海老师在《释语文》一文中概括为："语文素养指的是人参与语文学习、语文活动而形成与发展起来的内在品质因素及其发展的程度，简言之，语文素养是人的语文素质及其养成度。"核心素养在学科教学中的落实是语感、语文习惯的培养。而语感是语文能力结构的核心要素；培养语感是全面提高学生语文素养的核心，它是语文素养形成和发展的基础。语文习惯是长时间的语文学习过程中养成的一种不容易改变的学习行为和心理倾向。

《普通高中语文课程标准（2017年版2020年修订）》进一步凝练了学科核心素养，提出"语文学科核心素养"是"学生在积极的语言实践活动中积累与构建起来，并在真实的语言运用情境中表现出来的语言能力及其品质；是学生在语文学习中获得的语言知识与语言能力，思维方法与思维品质，情感态度与价值观的综合体现"，其中提到高中学段的语文学科核心素养主要包括语言建构与运用、思维发展与提升、审美鉴赏与创造、文化传承与理解四个方面。语文学科是一门基础学科，小学语文则是基础中的基础，对于全面提高学生的语文素养起着至关重要的作用。

小学语文学科核心素养到底是什么？回答这一问题需要深入小学语文学科核心素养本身，探究其本体特征。

学科核心素养从字面构成来看，就是"学科+核心素养"，先有学科，后有核心素养，"学科"作为形容词对"核心素养"这一中心词加以修饰和限定。所以，学科核心素养是指学习者（主要指学生）通过对一定学科系统、完整地学习之后生成的能够反映该学科独有特征的关键能力和必备品格。

学科核心素养是核心素养的学科具体化表现，小学语文学科核心素养则是学科核心素养的学段具体化。具体来讲，小学语文学科核心素养就是指小学生通过对小学语文这门学科系统、完整地学习之后生成的能够反映小学语文学科独有学科特质的关键能力与必备品格。关于小学语文学科核心素养的内涵，需要特别说明以下两个问题。

第一，学科性是小学语文学科核心素养内涵的第一要义。小学语文学科核心素养是小学语文学科本质的深刻体现，其内涵要体现小学语文学科的研究对象和基本问题、小学语文学科的关键知识和核心内容、小学语文学科的基本学科方法和思想、小学语文学科的终极育人价值与追求。

第二，对小学语文学科核心素养内涵的理解不能简单地停留在"名词释义"层面，因为小学语文学科核心素养既是学科理论上的"专有名词"，也是学科教学上的"实践目标"。应当明确只有把小学语文学科核心素养真正落实到学生身上，其内涵才会既有理论意义上的科学性，也有实际意义上的表现力。

许多专家和学者展开了关于小学语文学科核心素养的研究，如陈先云就从"语言理解能力""语言运用能力""思维能力""初步审美能力"四个方面列出了小学核心素养清单。高中语文核心素养内容和教育界对学科核心素养的讨论与研究，都为研究小学语文核心素养提供了丰富的理论基础。

基于上述理解，借鉴《普通高中语文课程标准（2017年版2020年修订）》对学科核心素养的界定，在语言建构与运用、思维发展与提升、审美鉴赏与创造、文化传承与理解这几个方面，小学语文学科核心素养应结合学生的认知特点、年龄特点及学段教学特点等进行考量。

首先，学生的语言建构与运用是在丰富的语言实践中，通过积累、梳理和整合的方式展开的，更应突破积累、模仿、情境感悟等在不断模仿、复述、迁移的过程中，逐步掌握语言文字的特点及其运用规律，形成个体的语言经验，在具体的语言情境中正确有效地运用语言文字进行交流沟通。

其次，学生的语言思维是在语文学习过程中获得的。因此，语言的发展与思维的发展相互依存、相辅相成。在学生阅读的过程中，语言与思维的同步发展表现得尤为明显。学生会先根据已有经验、言语图式等，在直接接触语言材料的过程中对语言材料形成初步的感悟，教师则需要借助这种感悟介入主题探究等活动，增强学生的阅读体验，在表达与交流的过程中促进学生思维能力的发展和思维品质的提升。

再次，学生的审美鉴赏与创造是模糊、浅表、低层次、非理性的。立足语文活动，学生能感知汉字独特的美，表现出对祖国语言文字的热爱之情，获得初步的审美情趣和审美品位，能表现出自己对美好事物的情感、态度和观念，创造出自己心中的美好形象，并具有初步的创新意识。

最后，文化的理解与传承是潜移默化的。学生需要在语文学习中借助语言文字，体会中华文化的博大精深、源远流长，理解并认同中华文化，继承中华优秀传统文化，理解并借鉴不同民族和地区的文化，关注并积极参与当代文化的传播与交流。学生还需要在运用祖国语言文字的过程中提高自己的文化自觉，树立积极向上的人生理想，增强为民族振兴而努力的使命感和社会责任感。

因此，小学语文学科核心素养应该具有以下特征。

1. 小学语文学科核心素养的基础性

小学语文是基础性学科，基础性是其学科核心素养的重要特征之一，具体体现在以下三个方面。第一，从知识的获得来讲，小学语文学科核心素养指通过小学语文学科的学习，学生获得拼音、字词、句子、篇章、语言、修辞、文学等语文学科基础知识以及相关的其他基础性科学文化知识，为其成人成才奠定文化基础。第二，从学习能力的培养来讲，通过小学阶段的语文学习，学生获得了一定的语文学习习惯、掌握了基本的学习方法，为更高层次的语文学习和其他学科的学习奠定良好的基础。第三，从人的全面发展来讲，小学是人生中最重要的奠基时期，获得扎扎实实的语文素养能为学生的全面发展以及长远发展打下坚实的基础。

2. 小学语文学科核心素养的综合性

从系统论的角度来讲，综合性价值的发挥与体现从来不是系统中某一个或某几个要素单独起作用，而是系统内诸要素彼此协调、相互配合的共同作用的结果。小学语文学科核心素养不是任何一个素养成分的单独表现，而是有关小学语文知识、小学语文学科能力及小学语文学科人文精神与价值的深刻统一。小学语文知识是学科核心素养的外显特征，而小学语文学科能力及小学语文学科人文精神与价值则是学科核心素养的内隐实质。因此，小学语文学科核心素养是学科外显特征和内隐实质的综合性表现。

3. 小学语文学科核心素养的阶段性

阶段性的特征体现在两个方面。第一，从小学语文学科的角度来讲，小学语文学科核心素养不是与生俱来的，而是在语文学习过程中一点一滴慢慢形成的，是从拼音识字到遣词造句再到作文交际的变化过程中逐渐形成的语文品格和能力。另外，小学语文课程是一个系统，每个学段都是这个系统的有机组成部分，每个学段都有自己的学习目标和任务，既有纵向的延伸，又有横向的拓展，是一种螺旋上升的态势，因此每个学段对学生相对应的素养要求也不尽一样，既有量上的区别，又有侧重点上的不同。第二，从学生发展的角度来讲，小学阶段学生的发展是身体和心智逐渐趋于成熟与完善的过程，相应的语文学科核心素养要求也应当是由简单到复杂、由不全面到全面、由零散到系统的变化过程。

4. 小学语文学科核心素养的关联性

关联性是针对小学语文学科核心素养的存在与发展方式而言的。小学语文学科核心素养不是单一的、封闭的存在与发展，而是以一种关联性的方式存在并发展着。这种关联性首先表现在学科关联性上。小学语文学科核心素养的落地生根要求在学科教学过程中既要打破单元主题界限，实现单元主题间的融合贯通、彼此联动的学科内有机联系，又要冲破学科藩篱，形成各个学科互为资源、互为补充、协同发展的"大课程"模式，实现学科间的有机联系。其次体现在文化关联性上。强调小学语文学科的文化育人价值，一方面体现在对数学、科学等文化的描述以及解释性作用上；另一方面还体现在与数学、科学等文化内容相互渗透，最大限度地发挥"全学科"的文化育人价值。

第三节 小学语文学科核心素养的维度与内容

为了更好地厘清小学语文学科核心素养的维度与内容，在参考已有关于学生语文学科核心素养相关理论材料的基础上，将"中国学生发展核心素养"的三大领域六大方面十八个基本点分别与现行小学阶段语文学科课程标准进行对比分析。

新课标共分四个学段，重点研究了涉及小学阶段的第一、二、三学段的学段目标与内容。通过梳理可以看到，每个学段都包括五个部分，分别是"识字与写字""阅读""写话""口语交际""综合性学习"。根据语文新课标的这一特点，将三个学段的五部分内容都与核心素养进行对照分析，得出如下结论。

（1）学段目标与内容都和提高学生的听说读写等语文能力有关，即都指向了学生发展核心素养中的"文化基础"和"自主发展"中的"学会学习"。在语文学习的听说读写过程中，都会训练学生的语文表达能力，这也恰好体现了语文学科工具性的特点。

（2）不管是学生的词句积累还是读写活动，这些语言材料都与核心素养的"人文底蕴、科学精神、学会学习"等多方面相关，语文学科的人文性特点得到彰显。

（3）小学阶段虽然对学生发展的审美能力没有太高要求，但语文新课标也有相应的体现，如要求用硬笔熟练地书写，写字要规范、端正、整洁，感受形象和语言，积累优美词句段等。

因此，新课标的目标与内容对梳理小学阶段学生的语文学科核心素养指标有重要的指向作用。总体来看，只要整体达成课程标准的目标要求，就能有效提升学生的语文学科素养，学生的核心素养也会得到全面发展。因此依据《中国学生发展核心素养》的基本内涵、高中语文核心素养指标体系总框架以及新课标的学段目标要求，将这些最关键、最重要的知识、能力与态度分解成六大方面，梳理形成了小学语文学科核心素养的六个维度——语文习惯、语文积累、语文表达、思维发展、审美体验、文化传承，具体见图1-3-1。

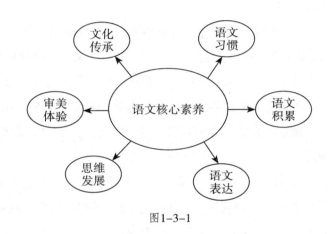

图1-3-1

一、小学语文学科核心素养每个维度的内涵

在研究构建小学语文学科核心素养指标的六大维度后，还进一步明晰了每个维度的内涵。

1. 语文习惯

著名教育家叶圣陶先生提出："教育的本旨原本就是养成能力、习惯，让学生终身以之。"培养学生良好的语文学习习惯对语文学习至关重要，是学好语文的源头和根本。习惯是在学习过程中经过反复练习形成并发展的，成为一种个体需要的自动化学习行为方式，语文习惯是语文学习活动的一种倾向和需要。著名语言大师吕叔湘提出："养成语文学习的自信心和良好的习惯，掌握最基本的语文学习方法。"因此培养学生良好的语文习惯，就是要引导学生掌握基本的语文学习方法，培养学生语文学习的兴趣。

2. 语文积累

重视语言积累是我国传统语文教学的宝贵经验。新课标指出，语文学习要大量阅读，积累课文中的优美词语、精彩句段，以及在课外阅读和生活中获得的语言材料；背诵大量的优秀诗文；养成收集积累语言材料的习惯。由此可见，语文积累是每一位孩子将来具有文化底蕴的基础。语文积累的内容很多、很广，小学生的语文积累能力要从汉字积累开始，循序渐进地发展和提升。

3. 语文表达

关于"语文"二字的内涵，叶圣陶指出："语就是口头语言，文就是书面语言。把口头语言和书面语言连在一起说，就叫语文。"由此可见，语文学科的学习其实就是学生接收文字信息，然后利用文字信息完成表达的过程。本项目研究的"语文表达"是指学生在口头表达及书面表达过程中运用字、词、句、段的能力，能把客观概念表述得清晰、准确、连贯、得体，没有语病。

4. 思维发展

美国著名教育家杜威指出："学校教学的重要任务是唤起儿童的思维，培养儿童的思维能力。"语言的发展与思维的发展相互依存、相辅相成，语文学科教学承担着培养学生思维能力的重要任务。《语文课程标准（实验稿）》就对小学生的思维发展提出了明确要求："在发展语言能力的同时，发展思维能力。"新课标在总目标中继续保留着这样的教学目标要求，并在教学建议中进一步强调："尤其要注重激发学生的好奇心、求知欲，发展学生的思维，培养想象力，开发创造潜能，提高学生发现、分析和解决问题的能力，提高语文综合应用能力。"本项目研究中的"思维发展"主要指学生在语文学习过程中获得的思维能力的发展和思维品质的提升。

5. 审美体验

现当代著名美学家朱光潜提出："美是事物最有价值的一面，美感的经验是人生中最有价值的一面。"新课标也指出：阅读是收集处理信息、认识世界、发展思维、获得审美体验的重要途径。语文具有重要的审美教育功能，本项目研究中的"审美体验"主要指让学生在语文学习中获得美的熏陶，培养自觉的审美意识和高尚的审美情趣，提升审美感知力和审美创造力。在语文教学中丰富学生的审美体验，能使学生对语文学习产生积极的情绪和体验，唤起学生探索语文未知世界的强烈欲望和热情，激发学生学习语文的主动性和积极性。

6. 文化传承

语文是人类文化的重要组成部分，语文教育不仅是一种教育行为，也是一种文化行为，它不仅承担着传授语文学科基础知识和听、说、读、写基本技能的责任，还承担着人文思想和人文精神的教育责任。因此，"文化传承"是指学生在语文学习中能继承中华优秀传统文化，理解、借鉴不同民族和地区文化的能力，以及在语文学习过程中表现出来的文化视野、文化自觉的意识和文化自信的态度。

二、小学语文学科核心素养的二级指标

在梳理形成小学语文学科核心素养的六大维度后，为了使每个维度更加具体明确，又通过梳理已有的研究成果与资料，结合新课标的学段目标与要求，将六大维度（一级指标）进行了分解与细化，形成小学语文学科核心素养的二级指标。二级指标内容是在对一级指标内容充分解读的基础上，结合相关文献资料，总结提炼出关键的核心名词，以名词词语和名词词组的形式表达出来。

1. 一级指标中的"语文习惯"包含"识字、写字、阅读、倾听、表达"五个二级指标

语文习惯是学习活动中形成的固定态度和行为，包括内在的思维和外显的行为两个方面。结合新课标的总体目标与内容将语文习惯拆分为以上五个小项。识字习惯即主动识字的习惯和独立识字的习惯。写字习惯是爱惜写字用品的习惯和良好的书写习惯。阅读习惯包括爱惜图书的习惯、主动阅读和独立阅读的习惯。倾听习惯是指认真倾听别人发言，并能思考补充的习惯。表达习惯是指良好的口语表达和书面表达习惯。

2. 一级指标中的"语文积累"包含"汉字积累、词语积累、句子积累、段落积累、篇章积累"五个二级指标

新课标中明确提出:"加强积累,培养语感。"积累是学好语文的前提,是形成语文素养的一个极重要的途径。"积累"首先是原始资料的积累,语文学习中的字、词、句、段等基础知识要有量的积累,这就像大厦的地基。因此,语文积累包含了字、词、句、段的积累。

汉字积累是指累计认识常用汉字3000个左右,会写常用汉字2500个左右;能借助多种识字方法、简单的造字原理识字,在阅读、生活中积累汉字;能掌握汉字的基本笔画、常用的偏旁部首、运笔原则,练习用硬笔书写。词语积累是学习并积累词语,能恰当运用词语,理解词语意思。句子积累包括学习并积累常见句式,如比喻句、排比句等;积累优美的句子,如格言警句、谚语和歇后语等;能变换句式,能检查并修改病句。段落积累是学习并积累精彩段落和段落之间的结构关系。篇章积累是积累自己喜欢的诗歌、散文、小说、戏剧等文学作品,以及在阅读和生活中获得的语言材料,同时学习并积累记叙文、说明文、议论文、应用文等文体的要素、特点等内容。

3. 一级指标中的"语文表达"包含"口语表达、书面表达"两个二级指标

口语表达和书面表达是语文教学的重要任务。在教学中要注重引领学生学习语言文字运用的基本规律,掌握基本的表达方法,并能够适切地表达。

口语表达的要求是能用普通话交谈,能使用礼貌用语,掌握交流的基本技巧和方法,能进行讲述、复述、转述、演讲。书面表达包括正确运用标点符号,正确运用积累的词语进行表达,运用不同的表达方法来表述自己的感受,能写简单的记叙文、纪实作文、想象作文和应用文。

4. 一级指标中的"思维发展"包含"形象思维、逻辑思维"两个二级指标

思维是语言的指挥官,发展学生的语文思维能力是小学语文教学的一项重要内容。小学语文因其学科特点,培养学生的形象思维能力已经成为共识,与此同时,更要重视对学生进行逻辑思维训练,有意识地引导学生厘清各项语文元素间的逻辑关系,逐步培养学生的逻辑思维能力,促进其语文思维能力的全面发展。

形象思维是在语文学习活动中有目的地观察，获得丰富的表象积累；在图片、视频等直观形象的帮助下，理解语言文字的含义并体会感情；通过想象、联想等思维方法，体会形象，抒发感情，挖掘含义。逻辑思维是指在阅读中思考问题，学习概括文章内容的方法，体会文章表达的感情；在语文学习活动中进行思辨分析，运用逻辑的方法收集整理有用的资料，掌握解决实际问题的方法；在语文学习活动中，通过对具体形象的感知，运用语言工具进行思维训练。

5. 一级指标中的"审美体验"包含"汉字、语言、情感"三个二级指标

审美教育是素质教育的重要组成部分，对提高学生的综合素质有重要的现实意义。语文有着独特的魅力，在教材中，我们随处可见写得相当优美的文章，这些文章无论在语言、意境、形象上甚至在结构上，都充分表现着美。那意蕴深厚的汉字，那精雕细琢的句段，那鲜活的人物，那绮丽的风景，都是美的源泉。汉字审美是指感受、展示汉字的造型美，了解、感受汉字的字意美。语言审美是感受、展示语言的形式美、意境美，尝试对文学作品的内容、写作手法等进行审美评价，提高对语言的欣赏品位。情感审美是体会、展示语言丰富的情感美；欣赏文学作品，有美好的情感体验；受到美好情感和理想的感染，提高审美素养。

6. 一级指标中的"文化传承"包含"中华优秀传统文化、革命文化、社会主义先进文化、不同民族和地区文化"四个二级指标

中华文化认同是铸牢中华民族共同体意识的基础，国家统编的语文教材是传承中华优秀文化的重要载体。语文教材贯穿着弘扬社会主义核心价值观，加强中华优秀传统文化、革命文化和社会主义文化教育的编写原则，可以帮助广大青少年从小种下"爱我中华、爱我祖国"的种子，铸牢中华民族共同体意识。教材中许多优秀篇目都富含大量的中华文化认同认知因子，对培养学生的中华文化认同具有突出的作用。项目组在新课标的依据之下结合语文教材进行梳理，将"文化传承"分为以下四个指标——社会主义先进文化、革命文化、中华优秀传统文化、不同民族和地区文化。

中华优秀传统文化的传承包含品悟汉字中蕴含的哲理和智慧；感受诗

文魅力，体会中华文化的核心思想理念和人文思想；了解民间文学和民风民俗，增强民族自豪感和自信心。革命文化的传承是指了解革命历程，感知革命人物的民族精神和道德情操，进而继承并弘扬革命精神。社会主义先进文化的传承是了解社会主义核心价值观的基本内容，感悟基本内涵，树立文化自信，增强社会责任感。不同民族和地区文化的传承是了解、尊重不同民族和地区的文化，懂得借鉴其文化精华。

综上，研究构建的小学语文学科核心素养的六大维度（一级指标）、二十一项二级指标详见表1-3-1。

表1-3-1

小学语文核心素养指标分析	
一级指标	二级指标
语文习惯	识字、写字、阅读、倾听、表达
语文积累	汉字积累、词语积累、句子积累、段落积累、篇章积累
语文表达	口语表达、书面表达
思维发展	形象思维、逻辑思维
审美体验	汉字、语言、情感
文化传承	中华优秀传统文化、革命文化、社会主义先进文化、不同民族和地区文化

三、语文学科核心素养三级、四级指标

为了更好地把语文学科核心素养指标落实到每个学段的语文教学中去，在构建的小学语文学科核心素养的六大维度（一级指标）、二十一项二级指标基础上，结合新课标的学段目标与内容又进一步进行了细化和分解，形成了学科核心素养的三级、四级指标。

三级指标在表述时结合课程标准的内容表述和学生的学情特点，以动词+核心名词+条件（表现程度）的句子来表述。四级指标则是分解到了不同的学段，这样从顶层的学科核心素养，经过四级分解，落实到了每个学段的具体内容，一线教师在课堂教学上便有了依据，同时能更好地驾驭语文课堂教学。

语文习惯、语文积累、语文表达、思维发展、审美体验、文化传承的指标内容详见表1-3-2至表1-3-7。

1. 语文习惯

表1-3-2

一级指标	二级指标	三级指标	四级指标		
			第一学段	第二学段	第三学段
语文习惯	识字	1.养成主动识字的习惯。 2.养成独立识字的习惯	1.喜欢学习汉字，初步养成主动识字的习惯。 2.初步养成运用学到的识字方法独立识字的习惯	1.对学习汉字有浓厚的兴趣，逐步养成主动识字的习惯。 2.逐步养成比较熟练地运用多种识字方法独立识字的习惯	1.养成主动识字的习惯。 2.养成熟练地运用多种识字方法独立识字的习惯
	写字	1.养成爱惜学习用品的习惯。 2.养成良好的书写习惯	1.养成爱惜学习用品的习惯。 2.养成良好的写字习惯，写字时执笔姿势和坐姿正确。初步养成书写规范、端正、整洁的习惯	1.逐步养成写字姿势正确，良好的书写习惯。 2.逐步养成用硬笔熟练、规范、美观地书写正楷字的习惯。初步养成用软笔端正、整洁书写的习惯	1.巩固已经养成的良好的书写习惯。 2.巩固用硬笔书写楷书时行款整齐、美观，有一定速度的习惯。逐步养成用软笔书写端正、整洁、美观的习惯
	阅读	1.养成爱惜图书的习惯。 2.养成主动阅读的习惯。 3.养成独立阅读的习惯	1.初步养成阅读时爱惜图书的习惯。 2.学生喜欢阅读，初步养成在课内外主动阅读的习惯。 3.初步养成运用学到的读书方法独立阅读的习惯	1.逐步养成阅读时爱惜图书的习惯。 2.学生喜欢阅读，逐步养成在课内外主动阅读的习惯，乐于与同学交流。 3.逐步养成在生活学习中运用学到的读书方法独立阅读的习惯	1.巩固已经养成的爱惜图书、读书姿势正确的习惯。 2.巩固养成在课内外主动阅读的习惯，乐于与同学交流。 3.巩固运用已经内化于心的读书方法独立阅读的习惯

一级指标	二级指标	三级指标	四级指标		
			第一学段	第二学段	第三学段
语文习惯	倾听	养成认真倾听的习惯	初步养成尊重对方、专心倾听的习惯	用心倾听别人发言,在倾听过程中有自己的见解	耐心倾听别人发言,养成在倾听时思考、辨析并及时质疑、补充的习惯
	表达	1.养成良好的口语表达习惯。2.养成良好的书面表达习惯	1.初步养成用普通话与别人交谈的习惯;初步养成敢于发表自己意见的习惯。2.初步养成留心周围事物,写自己想说的话的习惯	1.逐步养成用普通话与别人交谈,主动发表自己见解的习惯。2.留心周围事物,初步养成积累素材,勤于动笔,乐于与别人分享习作的习惯	1.养成用普通话有条理地表达自己的见解和看法的习惯。2.留心周围事物,巩固养成勤于练笔,在习作中熟练使用自己积累的素材的习惯。逐步养成能自改、互改习作的习惯

2. 语文积累

表1-3-3

一级指标	二级指标	三级指标	四级指标		
			第一学段	第二学段	第三学段
语文积累	汉字积累	1.累计认识常用汉字3000个左右,会写常用汉字2500个左右。2.能借助多种识字方法、简单的造字原理识字,在阅读、生活中积累汉字。	1.认识常用汉字1600个左右,会写常用汉字800个左右。2.运用多种识字方法、简单的造字原理识字,尝试在阅读、生活中积累汉字。	1.认识常用汉字2500个左右,会写常用汉字1600个左右。2.运用多种识字方法、简单的造字原理识字,理解字义,主动在阅读、生活中积累汉字。	1.认识常用汉字3000个左右,会写常用汉字2500个左右。2.熟练运用多种识字方法、简单的造字原理识字,理解字义,在阅读、生活中积累汉字。

续 表

一级指标	二级指标	三级指标	四级指标		
			第一学段	第二学段	第三学段
语文积累	汉字积累	3.掌握汉字的基本笔画、常用的偏旁部首、运笔原则，练习用硬笔书写	3.掌握汉字的28种基本笔画、常用的偏旁部首、运笔原则，练习用硬笔书写	3.了解笔画、偏旁变化及结构原理、运笔原则，掌握楷书的笔画、形体结构和书写方法，练习用硬笔书写	3.了解笔画、偏旁变化及结构原理，掌握楷书的笔画、形体结构和书写方法，并练习用硬毛笔书写
	词语积累	1.学习并积累词语，能恰当运用词语。 2.理解词语的意思	1.学习并积累时间、季节、颜色、文具、数量、人称、职业等不同内容的词语，AABB、ABAC、AABC、ABB等不同形式的词语。 2.尝试结合上下文，借助不同语境，查找工具书，联系生活实际，了解词语的意思	1.学习并积累季节、人、物、数字、反义词、成语、谚语、俗语等不同内容和不同形式的词语。 2.能结合上下文，借助不同语境，查找工具书，联系生活实际，理解词语的意思	1.学习并积累不同内容、不同形式的词语。 2.能结合上下文，借助不同语境，查找工具书，联系生活实际，理解词语的意思，辨别词语的感情色彩
	句子积累	1.学习并积累常见句式。 2.能变换句式，能检查并修改病句	1.积累自己喜欢的格言警句等。 2.能扩句；能将"把"字句与"被"字句进行转换，能检查出病句	1.积累经典的对联、谚语、歇后语和文中优美的句子。 2.能将肯定句与否定句进行转换；能将陈述句与反问句进行转换；能初步修改病句	1.积累文中经典的比喻、拟人、夸张、对偶、反复、排比等修辞语句。 2.能缩句；能将直接引用和间接叙述进行转换；能找出病句的病因并运用修改符号修改
	段落积累	1.学习并积累精彩段落。 2.学习并积累段落之间的结构关系	1.积累用词生动、句式精美的段落。 2.认识总分关系的段落	1.积累修辞丰富、描写细腻的段落。 2.积累总分关系的段落，认识分总关系、总分总关系的段落	1.积累感情丰富、说明准确、结构严谨的段落。 2.积累总分关系、分总关系、总分总关系的段落

续 表

一级指标	二级指标	三级指标	四级指标		
			第一学段	第二学段	第三学段
语文积累	篇章积累	1.积累自己喜欢的诗歌、散文、小说、戏剧等文学作品，以及在阅读和生活中获得的语言材料。2.学习并积累记叙文、说明文、议论文、应用文等文体的要素、特点等内容。3.累计背诵优秀诗文60篇（段）	1.积累自己喜欢的诗歌、散文等文学作品，以及在阅读和生活中获得的语言材料。2.学习并积累记叙文、说明文等文体的要素、特点等内容。3.背诵优秀诗文50篇（段）	1.积累自己喜欢的诗歌、散文、小说等文学作品，以及在阅读和生活中获得的语言材料。2.学习并积累记叙文、说明文、议论文、应用文等文体的要素、特点等内容。3.背诵优秀诗文50篇（段）	1.积累自己喜欢的诗歌、散文、小说、戏剧等文学作品，以及在阅读和生活中获得的语言材料。2.学习并积累记叙文、说明文、议论文、应用文等文体的要素、特点等内容。3.背诵优秀诗文60篇（段）

3. 语文表达

表1-3-4

一级指标	二级指标	三级指标	四级指标		
			第一学段	第二学段	第三学段
语文表达	口语表达	1.用普通话交谈，能使用礼貌用语。2.掌握交流的基本技巧和方法，能进行讲述、复述、转述、演讲	1.学说普通话，能流利地说完整的话。2.与别人交谈，态度自然大方，有礼貌，有表达的自信心。能简单讲述小故事及自己感兴趣的见闻	1.能用普通话交谈，使用礼貌用语，能认真倾听别人的谈话，正确表达想法。2.逐步把握主要内容，并能简要转述；能具体生动地讲述故事；能复述课文内容	1.用普通话与人交流，能尊重和理解对方，讲究语言美，能自觉抵制不文明语言。2.灵活运用词句和说话技巧，抓住要点进行简要转述；能条理清晰地进行简单演讲；能准确、生动地复述课文内容

续 表

一级指标	二级指标	三级指标	四级指标		
			第一学段	第二学段	第三学段
语文表达	书面表达	1.正确运用标点符号。 2.正确运用积累的词语进行表达。 3.运用不同的表达方法来表达自己的感受，能写简单的记叙文、纪实作文、想象作文和应用文。 4.课内习作训练每学年不少于16次	1.初步认识并理解逗号、句号、问号、感叹号等常用标点符号。 2.初步学习积累词语，连词成句，写出语意完整的句子，对写话有一定兴趣。 3.能连句成段，写出表达自己见闻的片段。 4.课内写话训练不少于16次	1.正确使用逗号、句号、问号、感叹号、冒号、引号等各种标点符号。 2.主动积累不同形式的词语素材，尝试运用有新意的词语进行表达。 3.能围绕中心构建出文章的基本框架，把印象和感受最深的内容写清楚。能写简单的书信和便条。 4.课内习作每学年不少于16次	1.正确使用常用的标点符号进行书面表达，体会标点符号在文本中的作用。 2.选择意思精确的词语进行表达，做到表达清楚、段落分明、符合主题。 3.正确运用记叙、描写、说明等表达方法进行写作，掌握记叙文写作的要求和方法。 4.课内习作每学年不少于16次

4.思维发展

表1-3-5

一级指标	二级指标	三级指标	四级指标		
			第一学段	第二学段	第三学段
思维发展	形象思维	1.在语文学习活动中有目的地观察，获得丰富的表象积累。	1.学习并运用不同方法进行有顺序的观察。 2.在图片、视频、情境等的帮助下，初步理解词语的含义和感情。	1.能在一定时间内较准确地观察事物。 2.在图片、视频、情境等的帮助下，进一步理解句子、文章的含义和感情。	1.能主动独立持续地观察。 2.准确把握文章内容，感悟字词句段的感情。

一级指标	二级指标	三级指标	四级指标		
			第一学段	第二学段	第三学段
思维发展	形象思维	2.在图片、视频等直观形象的帮助下,理解语言文字的含义并体会感情。 3.通过想象、联想等思维方法,体会形象,抒发感情,挖掘含义	3.根据图形、符号等,进行初步想象	3.根据情境和语言文字的描述,进行初步联想和想象	3.通过文字,能够进行多角度联想、想象
	逻辑思维	1.在阅读中思考问题,学习概括文章内容的方法,体会文章表达的感情。 2.在语文学习活动中进行思辨分析,运用逻辑的方法收集整理有用的资料,掌握解决实际问题的方法。 3.在语文学习活动中,通过对具体形象的感知,运用语言工具进行思维训练	1.初步学会用简单词句概括文章的主要内容。 2.初步学会收集有用的资料,学习解决实际问题的方法。 3.能初步按逻辑顺序造句、进行写话训练	1.学习概括文章主要内容的方法,逐步体会文章表达的思想感情。 2.能思辨分析,收集整理有用的资料,逐步掌握解决实际问题的方法。 3.能修改逻辑病句段,按顺序排列句段,利用感性材料、多媒体进行思维训练	1.掌握概括文章主要内容的方法,能复述叙事性作品的大意,体会文章表达的思想感情。 2.能思辨分析,收集整理有用的资料,掌握解决实际问题的方法。 3.有重点地分析文章谋篇布局、情节结构、组材构思等方面的特点,利用感性材料、多媒体进行思维训练

5. 审美体验

表1-3-6

一级指标	二级指标	三级指标	四级指标		
			第一学段	第二学段	第三学段
审美体验	汉字	1.感受、展示汉字的造型美。 2.了解、感受汉字的字意美	1.初步感受汉字的笔画美、结构美。说出硬笔楷书基本笔画的变化和结构的特点。 2.初步发现汉字的字意美。了解象形字、会意字、形声字和指事字的字意美	1.感受楷书的形象美、布局美、行款美。展示硬笔楷书、毛笔楷书的笔画美、结构美。 2.了解、感受汉字的字意美，根据字义进行美好想象	1.欣赏、分析汉字书法的造型美。展示硬笔楷书、毛笔楷书的形象美、布局美、行款美。 2.主动了解、感悟汉字的字意美，展开想象，说出自己的理解
	语言	1.感受、展示语言的形式美、意境美。 2.尝试对文学作品的内容、写作手法等进行审美评价。 3.提高对语言的欣赏品位	1.初步感受语言的音韵美。诵读出语音的准确、语调的韵律、语言的节奏。 2.初步感受、发现并展示语言的优美生动。 3.尝试欣赏语言美	1.体会语言的音韵美。练习诵读出语言节奏、规律谐音、音韵相押。 2.初步体会语言的词汇美、构句美和修辞美，感受语言的形象性、规律性。 3.学习语言美，提高对语言的欣赏水平	1.对音韵美有独特的感受，体会并说出其特点。优美地诵读出语言节奏、规律谐音、音韵相押。 2.分析品味语言的词汇美、修辞美、意境美，对语言美有独特的发现和感受。 3.提高欣赏品位，在积累运用中体现良好的审美水平
	情感	1.体会、展示语言丰富的情感美。 2.欣赏文学作品，有美好的情感体验。 3.受到美好情感和理想的感染，提高审美素养	1.发现浅近的童话、寓言、故事中的情感美，练习用朗读展示。 2.获得初步的情感体验，乐于与人交流。 3.受到美好情感的感染，向往美好的情感	1.体会叙事作品、诗歌的细腻、丰富的情感，用朗读展示情感起伏和变化。 2.展开想象，获得情感体验，交流感受。 3.欣赏文学作品，获得美好的情感体验，向往追求美好的情感	1.辨别词语的情感色彩，说出感受到的深层情感。用朗读展示丰富的情感起伏和变化。 2.欣赏文学作品，说出喜爱、憎恶、崇敬、向往、同情等感受。主动交流、表达美好的情感。 3.品析文学作品，向往追求美好的情感和理想，提高审美素养

25

6. 文化传承

表1-3-7

一级指标	二级指标	三级指标	四级指标		
			第一学段	第二学段	第三学段
文化传承	中华优秀传统文化	1.品悟汉字中蕴含的哲理和智慧。2.感受诗文魅力，体会中华文化的核心思想理念和人文思想。3.了解民间文学和民风民俗，增强民族自豪感和自信心	1.初步培养学生对于汉字的喜爱之情，初步体会中国人的灵感和智慧。2.初步感受古诗文的魅力。3.初步认识民间文学的多种形式，初步了解民风民俗。初步形成民族自豪感和自信心	1.逐步培养学生对于汉字的喜爱之情，较为深入地体会中国人的灵感和智慧。2.有意识地在生活场景和书面表达中引用，初步体会中华文化的核心思想理念和人文思想。3.逐步认识民间文学及民风民俗的来源，进一步增强民族自豪感和自信心	1.进一步培养学生对于汉字的喜爱之情，较为深入地体会中国人的灵感和智慧。2.在生活场景和书面表达中恰当引用，进一步体会中华文化的核心思想理念和人文思想。3.主动参与，乐于实践。有较强的民族自豪感和自信心
	革命文化	了解革命历程，感知革命人物的民族精神和道德情操，进而继承弘扬革命精神	认识革命人物，初步感知其民族精神和道德情操	初步了解革命历程，逐步感知革命精神	较为深入地了解革命历程，继承弘扬革命精神，对革命人物产生崇敬之情
	社会主义先进文化	了解社会主义核心价值观的基本内容，感悟基本内涵，树立文化自信，增强社会责任感	了解社会主义核心价值观的基本内容，初步感悟基本内涵，能在生活中有意识地践行	进一步感悟丰富内涵，初步运用所学明辨是非，能在生活中自觉主动地践行	能自觉主动地去践行，初步树立文化自信，具有一定的社会责任感
	不同民族和地区文化	了解、尊重不同民族和地区文化，懂得借鉴其文化精华	初步了解不同民族和地区文化	进一步了解不同民族和地区文化，懂得尊重不同民族和地区文化	逐步形成尊重不同民族和地区文化的意识，懂得借鉴其文化精华

第 二 章

基于学科核心素养提升的
小学语文教学改革

　　指向核心素养的教学改革，是时代发展的必然趋势，是教育改革的必经之路。基于核心素养的教学改革，意味着教师需要在"整体感知—组合研读—综合拓展—特色分享"四个环环相扣的链环中聚焦核心素养并展开运作，需要把教学方式、学习方式的改革看作一个循序渐进、持续推进、复杂动态和师生共进的过程，这样才能真正指向核心素养，实现核心素养的发展与提升。基于学科核心素养提升的小学语文教学改革，要围绕提升学生学科核心素养，以我国学生发展核心素养为指导，结合现行学科课程标准，探索核心素养与课程标准之间的联系规律；解决当前小学语文教学中存在的诸多问题，在学科教学与培养学生核心素养之间架起一座桥梁，将提升小学生语文核心素养落实到日常教学当中去。

第一节 基于学科核心素养提升的
小学语文教学改革的内容

任何一项改革都会涉及方方面面的内容，而教学的改革最关键的就是学习方式、教学方式、教学评价方式的改革，基于学科核心素养提升的小学语文教学改革也是如此。

一、学习方式的改革

语文课程倡导自主、合作、探究的学习方式。这是一种以人为本的学习方式，这样的学习方式正契合学生发展核心素养中的"学会学习"。在信息高速发展的"互联网+"时代，以人为本能更好地提升个人和团队的素养。

自主探究式的学习强调培养学生独立、自主、批判的思考。自主并不是学生的"我行我素""话语霸权"，也不是学生能自主地参与学习活动，而是自主中应有"谦虚"。在以往的语文课堂上，教师更多地关注学生的张扬个性、表达自我，再加上学生自我意识强，大多以自我为中心，很容易形成学生的"我行我素"，这是不利于学生成长的。学习应该是一个不断融合的过程，学习要真正发生，就必须善于发现课文中的、教师和同伴口中的优秀表达，并把这些作为自主学习探究的资源。从某种意义上来说，谁掌握了更多更优质的资源，谁就拥有了学习的主动权，而这些"优质""优秀"的资源，需要学生有一颗"谦虚"的心才能发现。

自主也要关注倾听和呼应。佐藤学在《静悄悄的革命》一书中反复强调，倾听是学生学习中最重要的行为，善于学习的学生通常都是擅长倾听的，学生通过"听"这一被动的行为来发展自身的主体性，同时"听"也是语文需要培养的一大素养。与"听"相伴的是"呼应"。不可否认，学习是在环境中发生的，尤其是在当今这样一个信息公开、网络发达的大数据时代，更需要人与人之间的呼应：与书本"呼应"，多与教材、课外书的语言发生接触，积极感受；与师者"呼应"，努力与教师对话，产生问题，积极询问；与同伴"呼应"，善于发现伙伴的优秀之处，积极碰撞，有选择地吸收；与自己的内心"呼应"，不断反思自身学习，丰富自己的认识，提升思想。

合作探究式学习是新课标倡导的一种学习方式，这种方式的课堂推进在很大程度上提升了学生的自主参与、多元分享、人际交往等能力，提高了学习的效率。但纵观语文课堂上的合作学习，受学生年龄、认知特点、组织能力等的限制，往往表现出"小组不'组'、合作乱'作'"的现象，学生的思维、知识的意义建构在合作学习前后并无提高。细究原因，关键在于学生个体与伙伴、群体之间的关系不能得到很好的确立。这就要求教师在优化合作学习内容的同时，能以关怀每名学生的成长为目标，帮助学生建立起良好的关系，以促进学生语文知识、语文素养、语言建构能力的同步发展。

例如，鼓励学生发现同伴表达中的"优秀"来帮助学生确立"你我"的关系。从发生学的角度看，学生的活动毫无疑问是以自我为中心的和利己主义的，这种思维的自我为中心主义甚至"不受经验的影响"。这就决定了学生在合作学习过程中的诸多"挑刺"行为。他们会不自觉地从"自身利益"出发，多角度地发现伙伴的"错误"，从而使自己与他人处在一种"我—他"关系的疏离状态。而"发现优秀"的方式可以将学生从关注他人的错误转向关注他人的精彩，这体现了学生之间的相互尊重与信任，能有效地将学生从合作前思维个体化、平面化的自我表达中抽离出来，关注到伙伴的存在，确立学生个体"我"与伙伴"你"之间的关系，有效促进学生从排他性的自我表达走向倾听式的回应表达，使合作学习得以更顺畅的展开。

在合作学习中，教师要关照不能积极参与小组合作学习的学生。这些合作学习中的沉默者，大多是由于思维的敏捷性不够、即时表达能力不足造成的，对他们的忽视会使他们游离在团队之外，思维的长期缺位会使他们形成思维的惰性，不利于合作团队的整体提升。鼓励他们进行复述、实施表达援助是最简单、最直接的使他们融入团队的方法。例如，可以通过"赞同与不赞同"的简单评价方式，邀请他们复述自己的观点；也可以引导其他学生仔细倾听，对复述过程中的新发现、新观点加以捕捉，并能适时地延伸，使这些"柔弱的他者"在复述表达中产生信心，对表达中的错误不能过于纠缠，以免他们重新陷入沉默与不自信之中。

二、教学方式的改革

教学方式是实施教学过程中的教学思想、方法模式、技术手段三个方面动因的集成。核心素养引领下的教学方式应体现以学定教、学科融合的特点，在课堂教学中彰显真实的生活情境。在这一指向下，语文课堂教学应从单一的教课文、教语文知识，纯粹的练习语用表达、作品鉴赏中走出来，逐步走向以主题、模块、任务群为支点的教学，使语文教学彰显课程的魅力。

在语文教学中，主题教学一般是以单元主题为依托展开的，突破一篇文章独立教学的方式，使单元内的文章产生一定的联系，从整体出发，统筹安排，以一篇或两篇带动整个单元教学，把讲读、自读、练习、写作、考查等环节有机地、灵活地结合起来，让学生在单元情境中展开学习的一种教学方式。在教学过程中，需要教师遵循学生学习的一般规律，以主题为线索，开发和重组相关的教学内容，确立若干个教学主题，展开连续课时的教学。这样的教学方式体现了知识与技能教学的连贯性和生本化、生活化等特性，将整个教学置于具体的生活情境之中，有利于学生对知识与技能的意义建构，重视学生技能的综合运用的实践体验，提高学生理解、运用知识与技能的能力和意识。

单元主题教学是指以一个单元为一个整体，引导学生从整体入手，紧扣单元训练项目把相关知识连为一条教学线索，使单元整体运转。这就需要教师转变观念，整体把握教材，在教学活动中充分引导学生在主题引领下自主学习、自主探究、主动发展，注重能力的培养。因此，在单元主题教学实施过程中需要通盘规划教学目标、教学内容、教学过程及评估标准。要特别重视学生自身素养的全面发展，在此基础上充分把握单元主题的整体目标要求，找准单元整合的切入点，根据内容的不同特点设计不同类型的主题教学，使主题各有特色，以此提升学生的语文思维。

模块教学是指由若干个不同但互相联系的功能部件组成的动态的教学过程，有目的、有内容、有步骤、有组织地安排模块进行教学至关重要。例如，某学校采用模块教学的方式来推进小学语文阅读教学，他们确立了"整体感知—组合研读—综合拓展—特色分享"的模块教学基本流程。在整体感知的过程中，利用导读单指导学生课前预习，课上合作并交流预习内容，提醒字音字形，朗读精彩片段等，重在激起学生研读的欲望。组合研读是在模块背景下的研读，更强调教材重组和整体推进。综合拓展是围绕模块主题寻找拓展点，陪伴学生课内外延伸阅读及在此基础上开展语文综合实践活动。特色分享则是一种个性阅读的推进，分为阅读指导、欣赏、交流，继而探索更适合学生的教学、阅读方式，最终促成学生自主阅读，实现学习方式的变革。

任务群教学是在任务驱动教学的基础上建立起来的，旨在为学生提供体验实践的情境和感悟问题的情境，让学生围绕一系列的任务展开学习，以任务的完成结果检验和总结学习过程，改变学生的学习状态，使学生主动建构探究、实践、思考、运用的学习体系。小学语文任务群教学需要教师在教学活动中围绕特定的交际和语言项目，设计出一组具体的、可操作的、难度渐进的任务，通过表达、交流、解释、询问等各种语言活动形式来完成任务，以达到学习和掌握语言提升语文素养的目的。

三、教学评价的改革

教学评价是教学活动不可或缺的一个基本环节，在教学过程中发挥着多方面的作用。教学评价能够帮助教师检验教学效果、诊断教学问题、提供反馈信息、引导教学方向等。但评价也是教学改革的瓶颈，作为"指挥棒"的教学评价制约或阻碍了教学改革。核心素养促使课堂教学定位从知识、能力立意走向思维、智慧立意，把课堂建构从传授知识、培养能力定位到"改变思维、启迪智慧、点化生命"的核心素养高度，即为改变思维、启迪智慧而教。因此，核心素养视域下的教学评价应充分关注学生的"学"，根据学生学习质量的高低来判断课堂质量的高低。当然，对"学"的评价不是简单地评价学生对知识点的掌握程度，更不是通过测定学生的学业成绩高低来评价教学。教学评价的目的不是分类、甄别、选拔，而是学生的发展。在教学过程中，侧重成绩等级的测定本身不能算作真正的教学评价。

从三维目标走向核心素养，这一目标的转变必将影响教学评价的改变，核心素养的评价方式必将从单一性评价走向综合性评价，从过分关注学业成绩逐步转向对综合素质的考查。学业成绩曾经是考查学生发展、教师业绩、学校办学水平的重要指标，但随着网络时代、素养时代的到来，仅仅掌握知识与技能已远远不能适应社会对人发展的要求，学业成绩作为评价单一指标的局限就凸显出来了。学业成绩检测的只是学生对知识、技能的掌握情况，而现今的课程功能决定了教学过程中更应关注学生积极的学习态度、创新意识和实践能力及健康的身心品质等多方面的综合发展。因此，配合课程功能转变而转变的教学评价，更应重视发展和综合评价，在关注学业成绩的同时关注学生掌握知识和技能的过程与方法，关注个体发展的其他各个方面。在关注个体差异的同时，实现评价指标的多元化，从考查学生学到了什么到考查学生是否学会学习、学会生存、学会合作、学会做人等，并对其进行综合性评价。

指向核心素养的课堂教学改革，让教师看到了可喜与成功的一面，但也存在着一些现实问题，尤其是在小学语文的课堂上，以下几点需要冷静思考。

1. 过度突出学生的自主而忽略了教师的主导

课堂上"讲与不讲""教与不教"的问题自课改以来就一直困扰着一线教师，现在又提出了核心素养在课堂教学中的落地，因此有些教师又开始忌讳多讲课了，觉得在课堂中多讲会影响学生的思考，影响学生的思维发展，从而无法凸显学生的主体地位。也有些学校为了避免"满堂灌"，对讲课时间的多少做了硬性规定，或是为了提升学生的自主参与素养，而追求刻意的创新与变革，有些课堂似乎已经走向了另一种极端，过度地强调学生的自主探究学习，淡化甚至盲目地放弃了教师的主导，这样的课堂改革有悖改革的初衷。其实，小学生尚处于学习能力获取、学习品质养成的初级阶段，在学习过程中需要通过教师的教学指导来不断获取知识、内容、方法等，需要教师指点课文中所包含的审美、价值观、社会文化等深度问题。

2. 过度追求合作而走向了形式主义

合作学习很重要，这一点毋庸置疑。但在小学课堂中很多合作学习仅仅是合在一起的"自说自话"，通常表现为：合作前部分学生已有了自己的理解并能用较为流畅的语言表达出来；合作中就把自己的理解说一遍，说完自己的理解就了事；合作后的汇报交流仍然是先前的理解。合作对多数学生来说无法彰显学习的意义，合作前、中、后，学生没提升，不会的依旧不知如何解决问题，学生在小组中仍然是独立存在的个体，而非群体中的一员。成功的合作学习必须在具备一定思维能力的前提下展开，学生各自都有不同的理解，才能产生思维的碰撞，才能产生有价值的成果。成功的合作需要团队成员拥有良好的心理契约，对小学生来说，良好的心理契约是可以通过一定的外在方式来培养的。因此，学生自主思维的形成与团队心理契约的培养应该成为打破形式主义的着力点。

3. 过度强调体验而忽视了结果

教师通常把课堂教学中学生获得的知识、技能等称为结果，而过程则是学生对学习的亲身经历，对学习过程、方法的感受和体验，对情感态度、价值观的培养和深化。在应试教育的时代，"唯分数论"决定了教学是紧紧围绕结果展开的，是由结果决定的。进入课程改革后，教师转变了理念，在课堂中突出了实践、体验、情境等，被简化了的教育教学又慢慢过程化，核心素养又强调突出了这一过程。不难发现，教师强调了过程体验，学生的学习生活变得丰富多彩了，但最终留下的也只有过程中的愉悦体验，至于知识、技能等方面的目标，却变得模糊不清了。过程固然重要，但过程是为结果服务的，"风风火火活动"了一节课，学生到底学到了什么却搞不清，这往往是对教学目标把握不准确造成的。因此在教学过程中，过程与结果都需要被重视。

4. 过度运用情境而缺少了理性思考

通过创设情境来展开教学，是小学语文教学过程中常用的教学策略，情境教学法是学生在教师有目的地创设的具有一定情绪色彩的、以形象为主体的生动具体的场景中得到一定的态度体验，从而帮助学生理解教材，并使学生的心理机能得到发展的教学方法。虽然情境教学法的核心在于激发学生的情感，但不得不指出的是，无论是实体情境还是模拟情境，无论是语表情境还是想象情境，都离不开学生的思维参与，语文教育在发展学生的思维能力上具有不可忽视的重大职责和作用。作为语文教师，必须意识到教学情境是为教学目标服务的，是实现教学目标的一个载体，而不是一种形式，不能一味地依托信息化教学手段，为了情境而设置情境是毫无价值的。

第二节 小学语文教学问题与解决策略
——识字写字篇

识字写字是阅读与写作的基础，是小学低年级的教学重点。新课标对低年级学生识字量要求是这样规定的：认识常用汉字1600~1800个，其中800~1000个字会写。这占小学阶段识字总量的近二分之一，平均每学期要求认识400个字左右。庞大的识字量在一定程度上影响着小学生的学习兴趣。

一、现状及原因分析

1. 学生识字量起点不一

学生识字量起点差异极大。这种差异除了表现在性别之外，更为明显地表现在个体差异上。调查显示，一年级刚入学的新生中识字量最多的可达2000个字以上，识字来源主要是父母教、自己看书看报及生活积累所得；识字量最少的仅二十几个。同一个班级的四十几名学生，识字量最多的与最少的相差近千个。如此悬殊的识字量差异，使任课教师"因材施教"心有余而力不足。

通过课堂观察，经常见到这样的现象。

一年级课堂中，老师：我们今天来学习日月明。部分学生的表现：这些我早认识。在接下来的学习过程中，这部分学生以一种"超脱"的状态存在于课堂上，走神、发呆、思绪飘向远方、做小动作等。

三年级办公室，老师边批试卷边说："××这孩子进入三年级后成绩就下滑了。他一年级时是我们班的'神童'，现在上课时经常开小差，可是家长并没有把这种现象放心上，只把这种现象当成自己孩子的个性。到现在他妈妈都不承认孩子学习方法有问题。哎……"

为什么会出现这样的现象呢？究其原因，最主要是教师教的字词学生都认识了，觉得上课没意思，所以才会走神。当教师向家长反映时，家长也不以为然。其实一年级是学生从幼儿园升入小学的一个过渡期。在这个过渡期内，学生不仅要学习新的知识，更重要的是掌握新的学习方法，养成良好的课堂倾听、思考的习惯。

这样，到三年级后才可以学习吸收更多的新知识。而这些自认为已经认识很多字的孩子，由于自我感觉太好，一、二年级基础又不扎实，良好的学习、听讲习惯也没有养成，正确的学习方法没有掌握，所以到三年级时从高空跌下来是很正常的。

2. 学生识字兴趣不浓

一项调查显示，学生对语文课的喜欢程度还是非常乐观的，有94%的学生喜欢上语文课，不喜欢的学生比例为6%。然而学生在"上课行为""喜欢汉字"和"主动识字"等方面的行为却呈下降的趋势。有52%的学生喜欢认识汉字，但有28%的学生感觉一般，甚至有10%的学生不喜欢认识汉字。绝大多数学生不能主动地去认识汉字，一半以上学生在识字学习过程中处于被动状态。由此可见，学生对学习字词的兴趣并不是很浓厚。这是因为学生对学习字词还没有掌握一定的方法，无法掌控汉字，被动的学习体验不到学习字词的乐趣。

3. 学生识字方法不全面

当前低年级学生识字较多地采用了部件加、减、换的方法。因为低年级学生的注意及记忆是以直观形象为主，所以在识字时喜欢采用这些方法来解决字的"音、形"问题。借助儿歌、猜字谜识字和生活识字也占了一定的比例，但结合字理进行识字、同音字比较识字的方法运用较少。笔者认为，如果要让学生的有意记忆、词的抽象记忆迅速发展起来，那么就有必要让学生对字义及构词特点进行分析。

二、改进策略

1. 更新理念，促进"幼小"识字衔接

家长要更新理念，坚持"零起点学习"。近几年，教育部门明确提出各校对起始年级学生进行"零起点教学"的要求。但有些家长对"零起点教学"不认同，生怕自己的孩子输在起跑线上，所以在入小学前给孩子报各类补习班、提前教孩子认字写字、提前让孩子背书阅读……在家长的"高压政策"下，一个个能识千字的"神童"脱颖而出，但不少"神童"入学之后却存在许多负面问题。

作为起始年级的家长，必须树立让孩子"零起点学习"的意识，不必要求孩子认识过多的汉字。当然，每个汉字都是音、形、义有机联系的符号刺激物，可让孩子学习些简单的汉字来开发右脑。如何做好"幼小识字衔接"？家长和教师应采用符合儿童心理特点的认知规律和认字方法进行引导。可以让学生在游戏中认字，获得成功的快乐；可以经常念书（识字卡、《儿童学唐诗》和《十万个为什么》）给学生听，为他们准备各种能启发阅读兴趣的东西；家长可以激发孩子对文字的好奇心，如上街买东西，坐在家里看电视，只要出现适合孩子认读的文字，应指点孩子去学习，万万不可强求，不可操之过急。

教师因材施教，激发学生识字兴趣。著名教育专家陈鹤琴曾说："小孩子是生来好动的，是以游戏为生命的。"大部分低年级学生除了爱玩以外，自我控制力也较弱。如果遇上识字量起点悬殊的班级，那些"神童"的注意力更容易分散。作为低年级的教师，应严格遵守规定，执行"零起点教学"，但更要提前了解班级学生，做到"因材施教"。新课标在第一学段识字学习目标中明确提出了"喜欢学习汉字，有主动识字的愿望"。做好幼小衔接，教师应从在游戏中认字逐步过渡到在学文中识字。在课堂教学中，教师可通过生动形象的讲解，配合灵活的肢体语言来调动学生学习的积极性。对于班级的"神童"，教师更应该激发他们的兴趣，让其成为学习的主人，在小组里当"小老师"带动别的同学识字。通过这种方式，学生既能感受当

"小老师"的乐趣，又能加深识字印象。

2. 优化识字方法，提高学生识记能力

新课标教学建议中这样提道："识字教学要将儿童熟识的语言因素作为主要材料，同时充分利用儿童的生活经验，注重教给识字方法，力求识用结合。运用多种形象直观的教学手段，创设丰富多彩的教学情境。"统编版义务教育语文一年级教材中，平均每课要求学生认识11~12个字，会写4~6个字；到二年级要求学生每课认识13~15个字，会写9~10个字。这样的识字量和写字量，对低年级学生来说想及时掌握有一定难度。考虑学生对字词的第一印象非常重要，因此，教师在教学中需要充分了解学生"学得快忘得也快"的认知特点，采用多样化的教学策略调动学生的识字动机，力求识字教学生动有趣，学生印象具体深刻，字词识记高效持久。在实际课堂教学中，教师可使用结合语境识字、归类识字讲故事法识字、猜字谜编儿歌识字法等方法来提高学生的识字识记能力。

（1）随文识字。在具体教学中，教师可采取"识字和阅读相结合，音、形、义、书分步走"的策略，把识字和阅读紧密结合在一起，引导学生在语言环境中随文识字学词，做到"字不离词，词不离句，句不离文"，加深对字词句的理解。

现在很多教师都觉得随文识字的教学方式是使用统编版教材的"标配"，如果不用随文识字的教学方法，就不会用统编版教材。在上公开课时，如果不用随文识字的教学方式就是最大的败笔。

其实，集中识字并不是一定要被摒弃，随文识字也并不是一定要课课都用。要因识字类别而定，因学文需要而定。

在学习无注音课文时，就不适合用随文识字的方式。例如执教《纸船和风筝》一课时，在学生初读课文前，可以引导学生大胆猜想不认识生字的读音，可以根据课文插图猜，可以根据一个词语的前一个字猜，也就是把一个词语看成一个整体，然后顺着词语读出来，如"风筝"的"筝"，看着前面的"风"，再看课文中的插图，学生一定能猜出这个字的读音。初读课文后，再将本课要求会认的生字整体集中出现，让学生指出自己不会读的生字,接着发挥"识字小达人"的作用,让识字量大的学生当"小老师"教其他学生读音,说识记方法。因为是二年级的学生,有了一年级学习的基础,掌握了一些识字方法,有一定的独自识字能力,只要教师稍加引导,就能在这一环节运用多种识字方法记住字形,了解字义。这就为后面的阅读课文和理解课文打下了坚实的基础。在学习《树之歌》时,因为这一课本身就是一节识字课,再加上这里出现的字大都带"木字旁",所以,这里适合运用集中归类识字的方法。

为了在实践中灵活运用随文识字的教学方法,以达到识字、理解课文两不误和提高识字教学效率的目的,可以在网络上收集相关资料,观看名师课堂,利用"一师一优课"这一平台集大家之所长。随文识字旨在"字不离词、词不离句、句不离文"。这里所说的"文"不单单指课文,它指的是"一种特殊的语言环境"。从课文入手,学生面对的生字不是孤立的,有一定的语言环境,把生字放在特定的语言环境中易于学生感知、理解和掌握,分散识字降低了识字的难度。同时,随文识字有利于激发学生的学习兴趣,在学习课文的过程中进行识字教学,有利于学生克服单独集中识字枯燥乏味的弊端。在教学中穿插各种各样的语文活动可以增加教学的趣味性,提高学生的学习兴趣,教师可以按生字在文中出现的顺序边讲解课文边自然引出生字所在的词语和词语所在的句子。

总之,不要让生字横空出世,不要生硬地去讲生字的音、形、义。随文识字运用得好,在具体的语言环境中将生字的音、形、义紧密结合,学生读说紧密结合,能有效提高识字的数量和质量,能有效促进儿童语言的发展。

(2)归类识字。归类识字主要适用于特点明显的形声字或同部首字。统编版小学语文教材中,不少文章就是利用这些字编出课文及园地练习的。

如统编版教材一年级下《小青蛙》一课,就是利用"青"字及其衍生的字"请、清、情、晴、睛"编写课文:"河水清清天气晴,小小青蛙大眼睛。保护禾苗吃害虫,做了不少好事情。请你爱护小青蛙,好让禾苗不生病。"可以让学生先借助拼音读儿歌,再去掉拼音读儿歌,初步识记本课生字。接着要求学生动手圈出跟"青"有关的字，引导学生发现形声字形旁表义，声旁"青"表示读音。

学生在学习的过程中，感受到了形声字的特点，更好地识记生字。同部首归类识字，不仅要求学生记住部首的名称，还要了解部首表示的意思，利于今后学习合体字。如学习统编版语文一年级下册《动物儿歌》中"蚂蚁""蜘蛛""蜻蜓""蝴蝶""蝌蚪"时，可以通过让学生观察发现生字特点，从而明白这些同部首的字都与虫类有关。学生在不断归类的过程中获知"口、扌、木、亻、刂"等偏旁各与什么相关。这样可以有效帮助学生加深印象，由记一个字化为记住一类字，提高识记的实效。

（3）字理识字。渗透字理，引导学生追溯字源，可以帮助学生形象记字，提高识记效率。

一位教师在教学"艹"的演变过程时，是这样教的：甲骨文中的草字可写作"↓"，就是一棵小草 的图画，秦代的小篆字形为两棵小草在一起的样子就写成了这个样子： 。后来，人们为了更方便地说出这个字，就在它的下方加了一个表示读音的部件"早"， 字形中弯曲的笔画被拉直，写成了四画的 ，于是"草"字就写成了这样：草，再后来，草字头简化成三画的"艹"，现在的"草"字就形成了。

孩子们，了解了草字头的字形演变过程，你觉得带草字头的字大多与什么有关？是呀，在汉字中由"艹"组成的字都和植物有关，如菜、荷、芝、蒂、芙、蓉等。

你瞧，通过了解草字头的字形演变过程，我们不仅加深了对这三个生字的认识，还理解了草字头的含义，进而能认识并理解更多带草字头的字。

（4）猜字谜识字。在教学中，教师抓住汉字特点编成儿歌、字谜，引起学生的兴趣，提高学生的课堂参与度。如谜面："说它小，下边大，说它大，上边小""你有我没有，他有她没有""上不在上，下不在下""一天一天又一天，天天太阳都出山""一口咬掉牛尾巴"等。这样的字词教学，可以激发学生想象力，能使学生牢牢地记住生字的字形特点，增加识字的趣味性。

识字方法还有很多，如"生活情境识字""编故事识字""生字加减法""换一换""编顺口溜"等。作为教师应灵活运用，优化组合，达到激发学生识字兴趣，帮助学生识记字词的目的。

3. 拓宽识字渠道，提高学生识记实效

识字的渠道很多，在教学中可以与游戏结合，与展示竞赛结合，与阅读结合等，与说话、写话结合。

（1）与游戏结合。游戏可以激发学生的思维，帮助他们学习知识。在识字教学中，教师可以开展学生感兴趣的识字游戏。如"摘苹果""捕蝴蝶""找朋友""词语接龙"等。一方面，游戏可以吸引学生的注意力，营造轻松活跃的课堂氛围；另一方面，学生在游戏中识字，在识字中游戏，记忆生字更加牢固。

（2）与展示竞赛结合。低年级的语文教材每一单元都设有"展示台"或"识字加油站"。教师应该充分利用这一平台，启发和鼓励学生在生活中识字。学生可以收集自己不认识的字，如家中物品包装盒上的文字；可以整理自己认识的字，如商店招牌上认识的字。教师要留下足够的时间与空间让学生上台展示并评比"擂主"。在这一过程中，学生识字兴趣与能力会不断提高。

（3）与阅读结合。学习的最终目的是实践和应用。儿童学习字词学得快忘得也快，因此，复现这些生字是巩固识字的重要方法。如果把要认识的字放到语言环境中巩固，识记效果会更好。刚学完一课生字，教师可以从课外收集一些材料作为课堂识字教学的补充。一方面复现生字，让学生再次巩固；另一方面让学生在朗读的过程中积累语言。平时要求学生每天有半小时的课外阅读时间，如果遇到不认识的字，通过拼音或家长的帮助来学习。这样，通过阅读与识字相结合，激发学生的识字主动性，促进学生自身识字能力的发展。

（4）与说话、写话相结合。为了加深对字词的理解与识记，在教学中，可以将识字与语言表达相结合，鼓励学生用所学的字词说（写）一句或者几句话。学生在语言表达中辨别同音字、形近字等，有效地避免张冠李戴的问题。在低年级看图写话中，学生对一些没学过的生字充满了好奇心，在写作中会用心识字，在识字中达到积累。

4. 突破识字难点，远离错字别字

新课标指出："要纠正学生的错别字问题，必须在日常教学中关注学生，激发学生的识字兴趣，培养学生的写字积极性，不能简单地罚学生抄写。"学生在字词识记方法与能力提高的过程中，其字词出错率自然会下降，但在形近字、同音字面前还是容易出错。面对错别字，教师要多一份冷静，少一份急躁，多一份思考，少一份埋怨。主要纠错方法如下。

（1）收集整理常见的错别字。在小学识字教学中，错别字主要集中在部分文字上。教师可对其进行整理和收集，便于下次教学的第一时间就能突出重点，避免学生出错。

如"春"，学生容易把"日"写成"目"，编个字谜："三人同日出走"，学生就记住了下面是"日"。"虚"与"虑"，采用联想法："老虎做作业，真虚心"。

（2）不举反例。有的教师在分析学生错字时喜欢把错字写在黑板上，此举是不可行的。

如"琴"字纠正，师一：你们看，今天又有同学把下面的"今"写成了"令"，记住了应该是"今"而不是"令"。师二：小朋友们，今天咱们来重写一个字，请看！（教师边示范边口述）"大王小王，今天来弹琴"。

显然，纠错效果第二个好。

（3）开展"啄木鸟"行动。"每日改一错"：针对学生形近字、同音字易写错的现象，可设计改错题或选择题，利用课前2分钟每日一题。"人人争做啄木鸟"：利用学生好动、好胜、爱表现、积极性容易调动的特点，不定期地在校园、社区等场所找错别字，摘录下来后进行交流。这样的活动，学生印象深、兴趣浓，既纠正了错别字，又培养了良好的学习习惯，可谓一举两得。

　　正确书写是小学低年级字词识记教学的一个重要指标，教师善于动脑，指导时有心；学生善于观察，理解字义，辨析比较，并努力将教师的点拨化为主体的自我发现、主动探究，那么作业中的错别字就会渐渐远离学生。

第三节　小学语文教学问题与解决策略
——阅读篇

　　阅读教学作为小学语文教学中的一个重要组成部分，在小学教育中越来越受到重视。小学阶段不仅是培养学生阅读习惯的关键时期，同时也是陶冶学生情操、有效提升学生智力水平的一个重要阶段。苏霍姆林斯基说过："在人的心灵深处，都有一种根深蒂固的需要，就是希望自己是一个发现者、研究者和探索者。"阅读教学从"独白"走向"对话"，正是给了学生一个广阔的阅读发现、研究、探索的舞台，学生可以在阅读全过程中，与文本、教师、同学进行全身心的对话，在多层次、多角度、多智慧的阅读对话中深入感悟文本，全面提高语文素养。

一、现状及原因分析

　　阅读教学的主要任务是培养学生独立阅读能力和认真阅读的习惯，但目前，阅读教学的现状却不容乐观。

（一）小学阅读教学的现状

1. 重朗读感悟，轻质疑思考

　　在新理念指导下，"以读为本"已构成语文课堂的主旋律，朗读成了训练、培养学生语文素养的有效方法。所谓"文贵自得"，"自得"才能提高阅读能力。但很多课堂上，教师没有给学生深入思考的时间和空间，更没有给学生质疑的机会，学生对语言的理解只停留在表面，内涵却很苍白。这样的课堂上，我们看不到学生思维的火花闪现，看不到学生丰富的内心世界。

"以读为本"是阅读教学的真谛。一堂课如果听不到学生的琅琅书声，不能算是真正的语文课。读书是思考的载体，思考是读书的灵魂。只有把二者有机地结合起来，才会看到如周一贯教授说的那样："学生潜能的如花绽放，个性的激情弘扬，生命活力随之奔涌而出，师生之间的智慧交融和心灵对话，使课堂活动真正成为人生中共同的美好记忆，成为不可重复的生命体验。"

2. 重学生自主，轻教师指导

新课程改革提倡的是学生自主、合作、探究与有意义的接受性学习相辅相成的学习方式。阅读教学课堂开始把大量的时间交给学生，教师一开始抛出若干问题后，就放手让学生独立思考，随后分小组讨论交流、合作学习，再由各组推荐成员展示成果。整个课堂教学，表面上看起来热热闹闹，但难免处于一个很浅的层面。在阅读教学中，教师应以自己丰富的阅读体验和宽广的知识面成为引导课堂教学的主流，在充分调动学生自主阅读积极性的同时，也应该起到正确导向、适时示范、精要点评等主导作用。

3. 重拓展迁移，轻文本立意

在阅读教学中，利用拓展迁移的方式，可使教学内容更加广泛，拓宽语文学习和运用的领域。部分教师每课必"拓展迁移"，一定要塞进一些课外资料，进行"读写结合""内外结合"式的强化训练。阅读教学必须尊重文本，教师要带领学生走进文本，学生要通过自主研读文本或带着文本走近教师，以获得新知，陶冶情趣，发展能力。

4. 重合作形式，轻过程管理

合作学习在阅读教学中，是一种学习方式，也是一种教学策略。大部分小组合作学习只是一种形式，缺乏实质性的合作。究其原因，一是合作准备不充分。未对小组内的成员进行明确的分工，如小组讨论的组织者，资料收集员及记录者和发言人等。二是合作时机的选择。在很多课堂上，一些没有思维容量甚至是一些根本就不屑一顾的问题也让学生小组讨论。这样的讨论其实是没有意义的。

再如，"初步把握文章的主要内容"是学生阅读能力的综合体现，只有顺利地掌握了这项能力，学生才能顺利地进行更高层次的阅读体验。特别是在中年级段，我们就应该有意识地培养学生的概括能力。然而在现实的课堂中，很多教师有要求但缺少方法的引导。在整体感知环节，教师一般都会提出这样一个问题：这篇课文主要写了什么内容？或者这篇课文主要写了一件什么事？然后让学生自由读课文，自己尝试概括主要内容。在交流的过程中，教师一般只会请几个学生说一说，针对学生的概括情况，"能不能再简洁一些"是一些教师常用的回应话语，但是在这种没有指向性的评价中，学生的概括能力并没有提高。一些教师为了节省课堂时间并达到课堂效果，在常态课堂上大多自己把课文的主要内容概括一下就草草了事。如果有人听课，教师课前布置预习的时候，学生也会从参考资料里提前找到答案。长此以往，概括只是走过场。

如教学《小英雄雨来》这一课，文章很长，第一次出现自然分段的现象。

师：请同学们自由朗读课文，并试着说说文章的主要内容。

（10分钟以后，举手的寥寥无几）

师：同学们仔细看看，要求言简意赅。大家可以先看第一部分。

生：第一部分主要讲了雨来在河里游泳，妈妈来叫他，他还不上来，雨来很调皮。

师：再简单一些，谁来说一说。

生：雨来跟小伙伴在河里玩，妈妈怕他出危险追着让他上岸，可雨来像条小泥鳅一样逃走了。

四个学生回答后，还是停留在雨来调皮上，为什么学生概括时无法抓住重点呢？这是因为教师没有传授给学生正确的方法。这篇文章是教学生用小标题概括课文主要内容很好的范例，第一部分可以提供几个关键词降低概括的难度，如调皮、游泳，为后文雨来死里逃生埋下伏笔。言简意赅作为概括的要求并没有错，可问题是怎样做到这个要求，很多教师忽略了手把手扶着教学生的过程。学生将会面对不同题材和体裁的文章，没有教师的反复与耐心，没有策略的选择，学生当然不知如何概括。

又如，小学生阅读最重要的任务就是积累语言和学习语言的运用。只有通过不断积累和吸收新的语言，以及具体的语文实践活动，才能将积累的语言文字转化为自己的语言文字，这是习作的基础和前提。语文教师都知道积累的重要性，常常会布置背诵、默写的作业。可是背诵默写之后就没有后续活动了，长此以往，积累变成了一种负担，学生没有了兴趣，只是为积累而积累，因而出现学生虽然背了很多，但是真正落笔的时候却语言苍白，没什么可写的现象。

（二）小学阅读教学现状的原因分析

造成这些现状的原因是多方面的，但从教师的角度来说，主要是有以下几个方面。

1. 教师对新课标的理解不够深入

新课标是指导我们教学的准则与方向，有些教师对新课标解读不够深入，不能正确理解新课标精神，就不能准确把握新课标要求。

教师的教育观、教学观、学生观陈旧、落后。部分教师不能用先进的教学思想、教育理论武装自己的头脑，对新课标的解读仅仅停留在口头上，停留在几个时髦的名词上，对一些新理念的实质内容一知半解，甚至模糊不清。教师落后的教育思想、陈旧的教学观念，对于先进的教育理论学习得少，接受得慢。因而，阅读教学因循守旧，课堂犹如一潭死水。

对新课标提出的教学目标不能全面系统地把握。一些教师的教法、教学意识薄弱，加之课程标准并未列出具体的阅读方法，导致了教师对各学段阅读教学的认识存在模糊性或偏颇性，将学法指导搁置一旁，总是将教学重点放在整体感知、品词析句上，殊不知，分段、概括主要内容、归纳中心思想的能力是阅读能力的重要组成部分，没有这些能力，学生就不能整体感知课文内容，就不能掌握课文的主要写作方法，就不能在阅读中训练逻辑思维能力。

2. 教师对文本的解读不深

加强语文阅读教学，是课程标准的要求，也是现实的需要与学生学习的需要。

"横看成岭侧成峰，远近高低各不同"，苏轼一语道尽了庐山面目的神秘多姿，看似朴素的诗句却蕴藏了极其深刻的辩证法哲理。但在当前语文教学中，文本解读一直存在着巨大的欠缺。从主观因素来说，教师角色的多样性造成了教师工作繁忙，教师每天除了要处理班级事务、学校工作外，还需要经常与家长沟通，安排学生的课外活动，而备课作为教学的大工程不仅需要一定的经验和灵感，更需要足够的耐心和毅力。大多数教师为了节约时间，提高效率，往往采取"走捷径"的方式来处理教材。在课堂上，教师就很难把学生的思维引向深入，很难为学生的思维打开一个更自由、广袤的空间。

二、改进策略

1. 优化阅读教学

（1）优化词句教学——着重体会词语的表情达意

词句学习一直是语文学习的重点，即使到第四学段也不能放松，只是各个学段词语的学习各有侧重而已。如第二学段的词句教学，在词语的选择方面，是"课文中的关键词句"；在理解程度的要求方面，是"关键词句在表达情意方面的作用"；在理解词语的方法的学习与训练方面，是"联系上下文""借助字典、词典和生活积累，理解生词的意义"。这些要求延续与发展了第一学段的"结合上下文和生活实际了解课文中词句的意思"，又为第三学段的"理解词语在语言环境中的恰当意义，辨别词语的感情色彩""推想课文中有关词句的意思，体会其表达效果"打下基础。

如《铺满金色巴掌的水泥道》教学片段。

师：通过刚才的学习，我们感受到了水泥道的美。那请同学们再来读读课文的第7自然段，看看从哪些词语中能够让你感受到水泥道的美？

生1：我从"每一片法国梧桐树的落叶，都像一个金色的小巴掌，熨帖地、平展地粘在水泥道上"中的"熨帖"仿佛看到了树叶很平整、很舒服地自愿在装扮水泥道，让水泥道变得很美。

师：你抓住了关键词来体会水泥道的美，并且有自己独特的感受。还有其他词语能让你体会到水泥道的美吗？

生2：我从"它们排列得并不规则，甚至有些凌乱"中的"凌乱"能体会到水泥道的美。

师：树叶都凌乱了，还是美吗？平时我们说，你的书桌真凌乱，你觉得是美吗？请再联系上下文，看看凌乱是什么意思，也许会有更深的感受。

学生讨论交流，体会到水泥道上的凌乱的树叶也是美。

在以上的教学片段中，教师紧紧抓住本单元的语文要素"运用多种方法理解难懂的词语"，抓住关键词语"凌乱"，引导学生联系上下文和生活实际等方法深入理解词语，并体会"凌乱"这个词语在表情达意方面的重要作用。

（2）优化语段教学——关注表达方法，注重读写结合

叶圣陶先生说："语文教材无非是个例子，凭这个例子要使学生能够举一反三，练成阅读和作文的熟练技能。"在进行"段落教学"时，要以段落为例子，学习表达方法，指导学生迁移并运用，进行写话的片段练习。

如《灰雀》第1自然段的教学片段：

有一年冬天，列宁在郊外养病。他每天到公园散步。公园里有一棵高大的白桦树，树上有三只灰雀：两只胸脯是粉红的，一只胸脯是深红的。它们在树枝间来回跳动，婉转地歌唱，非常惹人喜爱。列宁每次走到白桦树下，都要停下来，仰望这三只欢快的灰雀，还经常给它们带来面包渣和谷粒。

师：课题是灰雀，（出示课文插图）你看到的灰雀是什么样的？

生：可爱、小巧。

师：课文中是怎么写这三只灰雀的呢？默读第1段，用"_____"画出描写灰雀的语句。

师：作者是从哪几个方面来写灰雀的？（根据学生的回答板书：颜色：粉红、深红　动作：来回跳动　叫声：婉转）

师：抑扬顿挫、变换着调子，咱们一块来听。（播婉转的鸟鸣声）一会儿高，一会儿——（低），一会儿短，一会儿——（长），像唱歌一样，这就叫——（婉转），谁来读一读这样的叫声？

师：课文用了哪一个词来夸这三只灰雀啊？（惹人喜爱）你还想到了哪

些词语?

师:是啊!多么快乐,多么惹人喜爱的灰雀啊,谁来读读?

师:多么惹人喜爱的灰雀啊!同学们你身边有没有这么可爱的小动物要推荐给大家啊?我们来看看老师给大家带来了什么(金鱼),谁能模仿着课文的样子,让小金鱼也变得像灰雀一样让人喜爱?

出示:客厅里有一个长方形的鱼缸,鱼缸里有三条金鱼,两条尾巴是(   ),一条尾巴是(   )。它们在水里(   ),非常(   )。

学生在练笔本上写。

这个片段的教学注重典型,教材用简短的几句话介绍灰雀,学生易于理解,容易模仿。这样的片段模仿对学生来说能为习作练习打下扎实的基础。除了文本内容的整体把握、词句表情达意的揣摩外,段落结构和言语形式的习得也是第二学段的核心学习目标。因此,教师就要善于发现语言训练点,在教学过程中应侧重段式规律的把握与体会,包括一段话的内容及叙述的顺序,体会段与段之间的联系,揣摩构段的方法等。

(3)优化默读训练——努力培养学生的质疑能力

新课标在第一学段中提出"学习默读";第二学段要求"初步学会默读,做到不出声,不指读",同时还强调"能对课文中不理解的地方提出疑问",突出了在默读中积极思考的要求。此外,在默读基础上,第二学段提出了学习略读的要求,第三学段提出了学习浏览的要求。略读和浏览都是以默读为基础的。第二学段特别是四年级的默读,除了能"做到不出声,不指读"外,还必须体现"能对课文中不理解的地方提出疑问"这一默读训练重点,并且渗透一定速度的训练。爱因斯坦说过:"提出一个问题比解决一个问题更重要。"古人云:"学起于思,思源于疑",任何思都是从疑开始的,疑问是获得知识的前提条件,有了疑问才有进一步深入学习的需要,也才可能获得新知。所以,在默读中培养学生的质疑能力至关重要。

以一位教师执教《盘古开天地》为例。

师:课文主要讲了一个什么故事?是否能用书上的一句话来概括?

(学生默读)

生：人类的老祖宗盘古，用他的整个身体创造了美丽的宇宙。

师：这一句话概括了整篇课文的内容，是这篇文章的中心句。

师：你们知道什么是创造吗？

生："创造"就是做。

生："创造"就是原来没有，后来有了。

师：这是我们对"创造"的初步认识，相信随着对课文的深入学习，我们对这个词会有更深的理解。深入学习课文的一个好办法，就是带着问题读课文。围绕课文的中心句，请同学们再默读课文，你有什么发现或疑问。

生：盘古是怎么创造宇宙的？

生：宇宙原先是什么样的？现在又有什么变化？

生：盘古为什么要创造宇宙？

生：盘古是从哪里来的？

学生能在课文的学习中产生疑问、提出问题是"初步学会默读"的重要标志之一。这个教学案例在引导学生通过默读初步了解课文内容后，就把默读要求明确指向产生问题，有效落实默读训练的重点。默读不仅要教给学生方法，还要给学生留足思考的时间。

（4）优化主要内容的把握——注重方法的习得

第二学段要求学生"阅读时能初步把握文章的主要内容"，把握主要内容是学生在课文阅读中组织语言、锻炼语言表达能力的途径之一。学生对概括语意颇觉困难，往往不是抓不住主干就是概括不全，不是词不达意就是冗长啰唆，不符合"明确、完整、简要"的要求，而且仅仅是学一课会一课，缺乏举一反三的能力。概括主要内容的方法有很多种，在教学中比较常用的有以下几种。

① 摘录归并法。这种方法比较简单，就是直接从文章中摘出现成的句子作为段意。摘总起句、总结句。这种句子往往是一段话的中心，因此可以摘取它们作为段意，把这些段意归并起来就能概括文章的主要内容。

② 舍次取主法。无论是一篇文章还是一段话，它们都有主要内容和次要内容。在一个由几个自然段组成的段落里，与段的中心联系密切的详写

的语段，就是重点语段。非重点段是次要内容，只是为表达中心起衬托作用的。教学时，我们可以舍去非重点内容，取文章重点段内容，作为概括文章主要内容的标志。

③ 课题补充法。题目是文章的眼睛，透过题目我们往往能捕捉到很多课文信息。不少课文的题目就是文章内容的高度概括。归纳这类文章的主要内容，我们可以借助课题。先要读懂字面上表达的意思，再根据课文内容把课题扩展成一句完整的话，在此基础上逐步进行丰满，使表达更加完整、更加全面。

（5）优化对文本的解读——提高教师对文本解读的能力

教师需要多阅读理论类书籍，汲取书中的精华，不断提高自己对文本解读的理解能力，并进一步将理论应用到实践中去。在文学的殿堂里，只有不断丰富自己的知识，才能更好地指导学生的学习。

教师不仅要懂得把知识传授给学生，更要站在学生的立场上为学生着想，通过自身对教材的感知体验，帮助学生抓住文本中对他们成长有意义的"点"，这个"点"可能是文本的人文关怀，可能是文本的优美语言，也可能是文本的人生哲理。为了让学生更好地亲近文本，深入文本解读，教师可在平时对学生提出明确的朗读要求。如在课文导入时，引导学生对文章的题目进行语意联想，激发学习兴趣，帮助学生自然而然地走进文本；可以在课堂上通过有感情地朗读课文，带领学生感受文本的意蕴，在潜移默化中提升自己的语文素养；也可以向学生推荐与课文相关的课外资料，开阔学生的视野，提高他们的文学素养。

2. 加强对学生阅读方法的指导

在小学语文教学中，听说读写训练占据了学生的全部教学过程，而阅读分为深读和浅读两种，浅读只是让学生知道某些有趣的故事，用于消遣娱乐；与之相反的深读，就有不一样的教学用处：它不仅让学生知道一些故事来娱乐自己的生活，还让学生从阅读中深刻明白阅读的意义，所以深度阅读在小学语文课堂上有着重大的教育意义。

（1）愉悦心情，陶冶情操

深度阅读就是建立在读者对事物的了解上，通过阅读生活中别人发生的事件，联系自身的情况，进行对比，再锤炼出更进一步的思想，不仅丰富了自己的生活，而且可深化思想，是一举多得的好办法。

（2）增长见识，举一反三

因为阅读具有增长见识的作用，所以可以把阅读作为学生最好的老师。在阅读中，学生可以看到许多自己生活的映射，采集这些样例，就能在生活中做到举一反三，合理解决生活中遇到的问题。

（3）拓展思想，培养想象

学生进入深度阅读，便会发现作者在写此类文章时采用了什么样的逻辑思维。随着阅读的深入，学生就会在脑海中渐渐形成条理清晰的逻辑思路，并且自然而然地组织语言，当到达这样的程度时，对小学语文学习便不会感到那么吃力，写作也会变得游刃有余。深度阅读不仅培养学生的写作能力，而且培养学生的想象能力，使学生的思维更加活跃。在小学语文课堂上，对课文的讲解与推敲就是学生的深度阅读，只是比学生自己深度阅读时旁边多了一位导师而已，深度阅读在课堂教学中的存在，对小学语文教学质量的提高有着重要的影响。

以课堂教学为主，以课外阅读为辅。在小学语文课堂上，教师进行的教学就是一种深度教学。教师要对文章进行透彻的分析与讲解，不仅要在听、说、读、写上花功夫，还要给学生讲述文章蕴含的中心思想。所以，在进行深度阅读时，就要求学生首先把课堂的45分钟利用好，从课堂中认真吸收知识。对课外阅读，要求学生在阅读时，自己把握文章的真谛，有句话说"自己找到的就是自己的，别人找到的不一定是自己的"，这就说明学生应该培养自主深度阅读的能力，获取更多的资源，为己所用。

（4）培养学生精读能力

① 查找相关资料。小学生的认知能力还比较弱，所以有什么不懂的地方，应该及时请教老师或有学问的人，还有一种办法就是查找资料，查找资料具有比较准确与多解的效果。

② 精细研读。有些阅读只要求学生掌握文章的大概意思，有些阅读只要求学生粗略体会，但是深度阅读就不一样，学生读第一遍时，会在脑海中形成初步的理解；这样还不够，还需要再对文章细读，对比喻句、拟人句和排比句等句式应该明白其用法，并且能用自己的语言流利地组织相同的句式，这样才算精读。

③ 追根究底。深度阅读一篇文章，就要了解作者的写作时代和背景等因素。一篇文章的形成，需要配合的要素非常多。如古代的诗词，虽简短精辟，但能从一个字中读出诗人要表达的意思，这都要联系诗人的生活实际与朝代背景，才有可能推测出诗词的意思。阅读也一样，追根究底的阅读方法能够让学生快速找到文章的主旨，所以，深度阅读离不开其他方面学习能力的提升。

好的文本是迷人的风景，进入"风景区"的前提是必须深度阅读。深度阅读是以提升语文素养和人文素养为目的的深层次阅读形式。那么，在语文教学中，如何引领学生走向深度阅读呢？

首先，铺路搭桥，引领感悟。语文教材中的文章大多是名篇佳作。这些文章语言优美，风格隽永，蕴含着丰富的人文内涵。在课堂教学中，要想使阅读走向深入，让学生获得更多对文本的多元理解，教师就要注重正确的价值取向，必要时还要铺路搭桥，引导学生进行品味与感悟。

其次，挖掘词句，领会意蕴。文本中的每个词、每句话都凝聚着作者深厚的情感。在教学时，要使学生的阅读走向深入，就要找出这些关键的词语和句子进行挖掘、研读、体会、感受。只有这样，才能深刻领会这些文字背后的意蕴，体会其所要表达的情感。在教学时，教师如果不做停留，就很难让学生真正理解文本所要表达的内涵。因此，教师要引领学生深入挖掘遣词造句背后的意蕴。只有这样，阅读教学才能走向深入。

最后，满足需求，有效拓展。语文教学具有弹性和开放性的特点，为学生预留出选择和拓展的空间，以满足不同学生学习和发展的需要。因此在课堂教学时，教师要根据学生和教材的情况，既可以把"厚书读薄"，也可以把"薄书读厚"，适当拓展，以满足不同学生的学习需求。

在语文的阅读教学中，深度阅读可以促进学生与文本、作者之间的对话，加深学生对课文的理解、体味和感悟，同时获得对人生的深刻理解，提高思想认识。因此，教师要想尽一切办法，采取多种方式，让阅读教学走向深入。

特别是在第三学段的阅读教学中，应该把重点放在把握文章内容、体会作者情感、了解文章顺序、掌握文章写法这四个方面。因此，教师在课堂教学的同时，不但要让学生读懂不同类型的文章，更要教给学生阅读这些文章的不同的方法。这样才能更好地提高学生的阅读能力，最终达成教学目标。下面列举几种不同类型文章的阅读方法。

第一，叙事性作品的阅读方法。叙事性作品的阅读方法应该能复述、描述整个故事或自己印象最深的场景、人物细节，并在此基础上表现出自己的个性化感受。对于叙事性作品，学生关注的重点是作品中的人物形象及生动的故事情节，可以通过让学生整体感知文章来抓住文章的主要内容，了解故事梗概。在了解故事梗概的基础上，简单描述作品中感人肺腑的形象、惊心动魄的情节。

第二，写人文章的阅读方法。写人为主的文章，一般都是通过人物的语言、动作、神态、心理活动等方面进行细致入微的描写来表现其思想品质。教学中引导学生抓住这些具体描写来学习。

第三，说明性文章的阅读方法。教师指导学生阅读说明性文章，要根据这类文章的特点，引导学生抓住文章的要点，并弄清每个要点是怎样说明的，领悟文章的基本说明方法，从而培养学生阅读这类作品的能力。

第四，诗歌的阅读方法。指导古诗，大体读懂诗句，更重要的是让学生品味语言美、情境美。根据小学生的特点，教给古诗学法。首先分词解义，逐词逐句理解字面意思及在诗中的含义；然后按现代汉语规范进行有序翻译。在此基础上，指导有感情朗读，让学生体会音乐美。有感情朗读，能再现诗的情境，加深体会诗的含义与感情。

学习教学寓言、写景状物等这类文章时，我们都应该找出这类文章的阅读方法。通过以上阅读方法的教学，学生再次学习、阅读类似的文章时，就能更好地掌握方法，更好地提高阅读能力。

在阅读课教学中，我们要善于根据课文阅读的具体目标，构建以读为轴心，融读、说、背、听、思、写为一体的学生自主学习语文实践方式，注重创设阅读情境，通过语文教学给学生留下形象，留下情感，留下语言。形象是理解运用语言的重要背景，情感是理解运用语言的动力，语言是语文学习的归宿。形象、情感、语言三位一体，相互作用，共同作用于学生语文能力的提高，语文素养的形成，人文精神的养成。

3. 利用阅读提高小学生的语文学科核心素养

阅读是培养小学生语文核心素养的重要内容，同时也是语文学科不可或缺的重要组成部分。在开展语文阅读教学期间，教师可以根据语文核心素养理念的发展要求，塑造出多元化、多维度的练习平台，让学生在读的基础上获得不一样的学习体验。然而受到经验不足的影响，很多语文教师在利用阅读培养学生语文核心素养的过程中，过分地强调某个目标，生搬硬套某一种教学手段，导致课堂效果差强人意。所以，在具体的授课中，教师还要根据学生当前的具体学情，以及他们的"最近发展区"，选择性地设计教学方案，或搭配某种教学设备。这样才能确保教学"因地制宜""以生为本"。

"语文学习的主要内容是一篇篇具体的范文，这就决定了语文教学必须让学生占有一定量的感性语言材料，在量的积累的基础上产生质的飞跃。"这说明帮助学生形成精准的语言表达能力与丰富的语言文字积累是落实语文核心素养培养的第一步，也是关键的一步。因此，在开展语文阅读课期间应该有的放矢地诱导学生表达，加强他们的语言体验。

以《狐假虎威》为例。这是一篇有趣的成语故事，讲述一只狐狸在遇到老虎后，为了保护自己而撒了一个谎，却借此成功逃离了危险。在学生完成了初次阅读后，教师可以要求学生利用简单的语言对文章进行一次整体性的概括。其间，教师提出概括内容需要包括三点，即地点、时间和人物。这样一来，学生便可以围绕这三个元素进行表达，从而将语言说准。为了增强学生的表现欲望和好胜心，教师还可以适当地融入竞争机制，如"比一比谁的讲述最精彩，谁的表达最精准"。然后，留给学生5分钟的预热时间，以此搭建交流平台，增强学生的口语表达能力。

分析能力是在思维中把客观对象的整体分解为若干部分进行研究、认识的技能和本领。培养学生的分析能力，可以有效促进他们的语文核心素养，让他们在阅读过程中如虎添翼。但是，分析并不是胡乱地猜测，而是按照某种特定的规律和技巧，对问题进行全面性的解读与剖析，这样才能取得最佳的效果。所以，教给学生合理的阅读技巧，这是落实核心素养的重中之重。在阅读过程中，教师可以利用略读和细读的方式引导学生探索文章，同时还可以通过关键点的排查推导文章的中心思想。

以《秋天的雨》为例。在阅读这篇文章时，教师可以带领学生对文章的修辞方式和写作手法展开分析，随后延伸到对作者创作意图、文章意境的思考之中。这样一来，能让学生快速地通过理性材料形成良好的感性认知。例如，文章采取了大量的拟人和比喻的手法，"秋天的雨，是一把钥匙。它带着清凉和温柔，轻轻地，轻轻地，趁你没留意，把秋天的大门打开了"，作者将秋天比作调皮的"人"，让秋天、秋雨变得更加有趣，令文章有了一丝童话色彩。在这个基础上，教师可以顺势引导学生思考："作者为什么要把秋天比作一个人，把秋雨比作一把钥匙？""如何理解'秋雨趁人不注意的情况下把秋天的大门打开'这句话？"以此提升学生的分析能力。

培养学生良好的文化情趣和品德情操，这是促进学生语文核心素养提升的关键所在。因此，教师不仅要在阅读课中教给学生科学的阅读技巧、丰富有趣的语言表达体验，更要让学生通过阅读形成良好的文化积累。长此以往，能让学生的道德修养、人生体验以及学识含量均获得显著的提升。但是，考虑到小学生的认知规律，教师还要从激趣的角度出发，给学生塑造出代入感强的课堂情境，由此确保学生可以带着积极的态度投入学习。

以《不懂就要问》为例。此文讲述了孙中山小时候敢于独立思考、敢于质疑，为了解决问题而大胆地向先生提出问题的故事。在完成对文章的阅读之后，教师可以鼓励学生对孙中山这位伟人进行调查。当然，由于小学生手头资源有限，所以教师可以利用电教设备、信息技术为学生索引需要的知识，然后在这个基础上要求学生对信息碎片进行整理。此外，还可以在积累文化知识的过程中诱导学生开展写作训练活动。

总之，开展阅读教学是增强学生语文核心素养的关键所在，它可以帮助学生形成行之有效的学习技巧，形成健康的、积极的学习态度以及乐观豁达的人生理念，这对他们以后的成长和发展有着重要的意义。但由于学生的能力水平参差不齐，所以教师还要适当融入分层教学的理念，采取针对性的教育教学措施，确保全体学生均能获得成长的契机。

第四节　小学语文教学问题与解决策略
——口语交际篇

口语交际不是简单的"听"和"说"相加,而是一个以听、说为核心的交际双方互动的过程。在新课改中,口语交际作为与识字、写字、阅读、写作、综合性学习并列的一项内容,其重要地位与作用更加彰显。新课标明确指出:"口语交际能力是现代公民的必备能力。应培养学生倾听、表达和应对的能力,使学生具有文明和谐地进行人际交流的素养。"加强学生口语训练,提高学生的口语交际能力,是凸显语文学科特点的需要,更是培养21世纪高素质人才的需要。

一、现状及原因分析

目前的口语交际教学现状及学生口语交际能力不容乐观,主要表现在:口语交际课堂上,要么是学生依据交际的话题一问一答的对话式交际普遍存在;要么是个别学生在夸夸其谈,而不少学生却是"金口难开""惜字如金",再或者是教师指导得多,而学生练得少……

口语交际出现这些问题的原因在于:一是教学方式缺少新颖性,一般都采用"小组讨论"与"交际方法技巧讲解"两种形式,在小组讨论中学生的发言不够积极,对于安排学生自主练习体验的内容较少,讨论的话题对学生的吸引力不高,学生参与课堂互动的兴趣不高,在学习中教师没有注重培养学生的感悟能力,不注重培养学生语文知识的积累和良好的交际习惯;二是许多教师过度依赖教材中的口语交际内容教学，而忽视了学生的实际情况，不能把口语交际教学扩展到学生的实际生活中；三是教师对学生的口语交际学习的评价方式过于简单、空洞和片面，评价主要是教师评价，缺少学生相互评价与自我评价，不能有针对性地指出学生在学习中存在的问题，使得评价对学生的指导和激励作用有限。

二、改进策略

口语交际的特点决定了口语交际能力的综合性，它是由多个因素构成的，其中主要因素有如下三个。

1. 良好的口语能力

口头语言是借助语音及其变化来传情达意的，而汉语语音变化是比较复杂的，区别又比较细微，要恰当、准确地运用语言来表达，就必须有较好的语音能力。

2. 敏捷的思维能力

口语表达要经过内部言语—选词组句—外部语言三个环节，其过程几乎如闪电般快捷。因此说话时，嘴上说的是刚刚想过的，而心里想的却是马上要说的，就是这样现听现想、现想现说，不断把自己的意思和情感完整、清晰地表达出来。三个环节环环相扣，中途任何环节出了问题就会结结巴巴，影响口语交际的效果，只有思维敏捷、反应迅速，才能灵活应变、应答如流。

3. 得体的举止谈吐能力

①姿态自然，举止大方。自然站直，自然挺胸，全身放松。说话时面带微笑，不伸舌头，不做鬼脸；②用语恰当，礼貌待人。能根据不同的对象、不同的场合及不同的谈话内容，说恰当得体的话，还能根据表达的需要，正确使用礼貌用语，加强口语的表达效果。

三、口语交际教学中的注意要点

在口语交际的教学中，要注意以下几点。

1. 激发兴趣

一般来说，小学生是爱听爱说的，在他们和同伴玩耍时，在与成人交谈时，往往能无拘无束地讲自己的所见所闻。根据这一特点，训练时要重视利用和创设各种口语交际情境，让学生兴趣盎然地讲述自己喜欢的人和事。这样，说者畅所欲言，听者聚精会神，课堂气氛活跃，从而由原来课外自发地说发展到课内自觉地说。

2. 教给方法

学生饶有兴趣地说，往往能使讲述的内容言之有物，但要做到言之有序，还必须教给方法。尤其中低年级学生，即使要讲好一件简单的事也不容易，要教学生从说一句完整的话开始，逐步过渡到说连贯的几句话或一小段话。到了高年级，要让学生按记叙文的六要素，围绕一个意思有头有尾地说一段话。学生一旦掌握了方法，口语交际就不会感到困难。

3. 引导评价

根据学生说话的程度和水平给予恰如其分的评价。好的固然要肯定，不足的更要指出，分析原因，并有针对性地加以矫正，这个过程，教师不能包办代替，应让学生共同参与，形成师评生、生评生、生自评的局面。引导学生评价，应着重从两个方面入手：一评语言，即评语音是否正确，语言是否规范，用语是否清楚，是否有逻辑和条理性；二评仪态，即评语言是否响亮，表情是否自然。

4. 加强考核

这是保证口语交际训练落到实处、取得实效的重要措施。一方面可使教师了解教学结果，调整教学活动；另一方面让学生看到学习成果，建立学习信心。口语交际考核采用分散考核与集中考核、平时考核与期末考核相结合的方式，教师要制定切实可行的考核项目和评分标准，并把考核成绩记载在学生成绩单上。

5. 整合口语交际教学资源

在实际的教学中，教师可以利用不同的教学资源采取多样化的教学设计。在课内，可以将口语交际教学与阅读、写作、综合性学习相结合，这样有利于口语交际的生活化、情境化，不仅有了一定的目的、对象、场合，而且有了口语交际的材料，具备了开展口语交际活动的前提条件，等于把口语交际放置于广阔的生活之中，从而激发学生说的欲望，提高其口语交际能力。在课外，加强交际活动的指导，把教学的触角延伸到学生熟悉的生活中，根据交际的场景合理规划口语交际的教学内容，对诸多的课外教学资源加以筛选以确保其教学价值的体现。

四、创设情境引导学生进行口语交际

具体来说，在口语交际的教学活动中，教师要善于创设情境，紧扣"活"字，引导学生进行口语交际。

1. 巧设情境，激活学生说的欲望

口语交际是在特定的情境中进行的一种语言交际活动。所谓教无定法，口语交际教学同样如此。正如吕叔湘先生所说："灵活多样的方法中有一个总钥匙即一个'活'字。"笔者认为"活"的口语交际课的金钥匙就是交际的情境或氛围。生动、真实的交际情境和教师的亲切言语，能够触发学生的灵感，调动学生的情绪，使学生萌发表达的欲望，产生敢说的胆量，达到会说的目的。为此，在教学口语交际课《小兔运南瓜》时，教师可以一改常态，转换身份，戴上小兔子的头饰，可以一蹦一跳地唱："蓝蓝的天上白云飘，白云下面兔儿跑。"悠扬的歌声加上播放的课件，可以把学生带入一个晴空万里、悠闲轻松的生活情境。突然，教师变得表情为难地娓娓道来："妈妈想喝南瓜粥，让我来地里摘南瓜。可是南瓜太大了，我怎么运回家呀！小朋友们帮我想想办法吧。"此时，学生们都在不知不觉中陷入了教师设置的"陷阱"，纷纷举手要帮小兔子解决烦心事。学生一下子跟教师亲近了许多，话匣子也一下子被打开了。古语有云："知之者不如好之者，好之者不如乐之者。"小学生天性好奇，对任何事物都会产生探究的欲望。逼真的情境使课堂上的学生如同在生活中一样，激起了他们不仅想听而且想说的愿望，自然而然地进入了口语交际。有趣的贴近生活的情境能激活学生说的兴趣和欲望，从而使每个学生有话可说、有话要说、有话想说。

2. 创造民主、宽容的氛围,激活学生创新意识

口语交际是人与人之间运用口头语言进行交流沟通的言语活动,其核心是交际,其特点是互动。因此,教师要在口语交际的双向互动上下功夫,在课堂上鼓励学生开动脑筋、发表自己的见解,营造一种平等和谐的"活"的氛围。教师为学生提供了自由学习、师生合作、生生合作的情境,使师与生、生与生双向互动,这样才能实现真正意义上的口语交际,培养学生的创新精神。

3. 鼓动竞争,倡导合作,激活学生的表现力

学生从合作的互动经验中树立自信,懂得尊重他人,提高口语交际能力。从竞争中激发学生交际的兴趣,培养学生力争上游的良好的学习品质。如在教学《有趣的游戏》时,让学生在小组中进行讨论、评议、交流。对于推选哪个游戏时,双方各持己见,互不相让。此时,教师要放下"师道尊严"的架子,以一个听众、朋友的身份走进学生中,进行没有心灵距离的开放式的交流。引导学生分析哪个游戏玩起来更充满乐趣、更吸引人。于是,学生们经研究讨论,最后终于有了统一的定论,而对于那些语言表述不清——"口欲言而未能"的学生,教师就适时引导、激励。如:"你的声音好甜哦,能学着我这样再说一遍吗?""你是个爱动脑筋的孩子,别急,再慢点儿把话说清楚好吗?"长期以来,语文课堂只是教师的"讲坛",许多学生的嘴都很"紧",学生习惯了做忠实的听众。在听讲和烦琐的一问一答中,学生慢慢地丢失了说的欲望、说的能力,口语交际的能力可想而知了。要真正解放学生的嘴巴,就要树立正确的语文教学观,淡化语文教师的表演欲,从激活兴趣、情感入手,培养学生的表现欲。使学生学会清楚、明白地表达自己的意思,学会倾听、补充和帮助,把融洽与合作的阳光普照每个学生的心灵。

4. 角色扮演,激活学生的创作意识

角色扮演是教师与学生之间、学生与学生之间一种相互交流和沟通的方式,是师生互动、生生互动、群体互动的最高境界。在交际活动中,教师不仅是学生的交际伙伴,而且是学生交际活动的指导者。其间,教师具有双重身份和多种作用。如在《小兔运南瓜》的"自由创作、角色表演"环节中，请小朋友找自己的小伙伴，用他们认为最好的方法把故事先说一说，然后编成剧本表演出来，从而使学生在不知不觉中提升能力，形成良好的口语交际习惯和学习习惯。不但如此，还与学生合作扮演兔妈妈，让学生扮演小兔子。师生一起展开丰富的想象，排练节目，这既是表演过程，又是创造和交际的过程。在表演过程中，还有意识地设置难关，训练学生的口头表达能力及应变能力。这一环节，师生在平等、融洽的氛围进行交流、沟通，学生的兴趣和积极性非常高涨。教师把对学生的指导有机地融合进自己的交际过程中，使学生既进行了多向思维、多向选择，更体验到了成功的快乐，起到了良好的效果。

5. 拓宽交往时空，激活语言源泉

课堂教学对学生语言发展有着至关重要的作用。但课堂并不是学生发展语言的唯一场所，社会生活环境也会对学生的语言发展产生直接或间接的巨大或细微的影响。因此，在切实提高学校教育效能的同时，还应努力拓展学生的交往时空。语言训练仅靠有限的课堂是不够的，必须向课外延伸，即课上课下相结合、课内课外相联系，这样才能更好、更有效地促使学生语言能力的提高，养成良好的说话习惯。比如，上完《有趣的游戏》之后，给学生布置这样的作业："小朋友们想不想继续玩这些游戏呀？回家后向爸爸、妈妈或其他小朋友介绍这节课学会的游戏，然后跟他们一起玩好吗？"又如教学《小兔运南瓜》后，这样启发学生："小朋友们，你们都是好演员，把故事演得真精彩。小朋友回家后向爸爸、妈妈或邻居们讲述你运南瓜的办法，然后演给他们看好吗？"这样使学生不仅在学校与教师、同学口语交流，还把这种交流延伸到家庭、社会，拓宽了学生的交往时空。口语交际教学是规范祖国语言的大环境。创设良好的语言环境，对学生进行严格的语言训练，学生的口头表达能力就能逐步提高，就能在教师创设的自由、宽松、和谐的氛围内活学、活说、活用、活演，从而为今后打开发展之门准备了一把"金钥匙"。

第五节 小学语文教学问题与解决策略
——习作篇

新课标明确指出: "写作是运用语言文字进行表达和交流的重要方式,是认识世界、认识自我、创造性表述的过程。写作能力是语文素养的综合体现。"因此,作文教学就成为语文教学的半壁江山,特别是在小学阶段,要让学生练习写作,基本掌握写作的方法,懂得写作是为了自我表达和与人交流。

一、现状及原因分析

在实际的作文教学中,却总是费时多且效率低,作文教学就像一座大山横亘在语文教师的面前,令人望而生畏。如何指导学生写作,虽然各种流派纷呈,但大体分为几种:要么停留于机械的模式化训练,要么是大而泛的自由发挥,总是缺乏行之有效的方法,难得要领。

说起作文教学,我们的思维相对定式:低年级负责看图写话,中年级进行由段到篇的训练,高年级才开始写正式的作文。内容虽然来自生活,但题目刻板乏味,选材类型单一化,缺乏新意。久而久之,就出现了这样的现象:低年级时负责看图写话只会想象编作文,忽视联系实际;中年级时又另起炉灶,与低年级彻底脱轨;到了高年级,想象力似乎突然消失殆尽,丰富的想象与生动的现实彼此可望而不可即,无法联系到一起。在教师看来,作文指导总是隔靴搔痒,不切关键,教师觉得难教;在学生眼里,作文如一朵多刺的玫瑰——想说爱你不容易，学生觉得难写。

究其原因，主要在于：①不细心观察生活，观察生活的能力有待提高；②没有丰富的语言储备，缺少基本的表达方法；③习作内容、形式等限制了学生的思维。

因此，谈到如何提高学生的写作能力时，大多是讲要激发学生的习作兴趣，引导学生关注生活，不仅要用眼睛去看，还要用手触去摸、用耳朵去听、用口去谈、用大脑去思考，同时还要积极参与生活，体验生活的各种滋味，要打破学科界限、课内外界限、时空界限、现实和幻想界限，想写什么就写什么，想怎么写就怎么写，可谓是"无拘无束"的。再就是要引导学生留心观察生活，积累素材，积累是写作的前提，有了积累，学生才能有写作的内容，解决写作中"写什么"的问题，生活是写作的源泉，学生写作的材料大部分来源于生活，因此学生要通过各种途径体验生活，在生活中积累写作的素材。

引导学生观察生活、采取有效策略激发学生兴趣等，这些方法的确很重要，能够有效地提高学生的作文能力。但是小学阶段的作文教学，受学生的年龄特点和认知水平的局限，如果能在阅读教学中以课堂为载体，优化阅读教学，把阅读理解、欣赏与写作指导、训练有机地结合起来，从阅读教学自然而然地过渡到习作学习，相互促进，提高学生的阅读、写作能力，让丰富想象与提高表达齐头并进，从而进一步实现学生语文素养的全面提升，通过读写结合提升学生的作文能力，就显得尤为重要。叶圣陶先生指出："语文教材无非是个例子，凭这个例子要使学生能够举一反三，练成阅读和写作的熟练技能。"无论是"范文"还是"例子"，阅读教学作为语文学习的主阵地，能否在教学过程中把握好阅读与写作之间良性的互动关系，找准读写契合点，适时渗透写作技法，进行阅读教学中渗透作文学法指导的探索，对于帮助学生实现读与写的能力融合，既熟练文本特点又掌握作文技巧，提高作文水平，提高学生的表达能力，有着直接而有效的研究价值。

二、改进策略

基于以上认识，要提高学生的写作能力，也就是要提高学生的书面表达能力，要认真研究统编版语文教材内可供开发的读写结合点，以单元为单位制定各册读写训练表。根据寻找出的各册读写结合点，不断完善和优化，内容或补充，或删减，或修整，使之更具系统性和阶梯性；并用规范的语言说明训练意图，更具操作性。在找准读写结合训练点的基础上，着力于如何训练结合点，即完成形式的迁移和内容的具体指导，真正扎实训练点的内容，做到言之有物，避免以形式掩盖内容或形式至上的华而不实的训练。

阅读教学通常指语文教科书的课文教学。长期以来，我国中小学的语文课将绝大部分课时用于阅读教学。传统的阅读教学关注文本内容，注重培养学生的阅读能力，但事实证明，我国当下的阅读教学存在着"高耗低效"的问题，取得的效果并不理想。现如今，在国际母语教育研究领域，核心概念"阅读"与"写作"被"读写素养"所取代，更加重视阅读、写作、口语交际之间的联系。

我国关于阅读教学中开展言语实践活动、提高学生表达能力的研究由来已久。早在20世纪20年代，叶圣陶、吕叔湘、张志公等教育家就提出过"读写结合""读写互动"等方面的教学观点。叶圣陶曾在文章中解析了读对写的促进作用："阅读的基本训练不行，写作能力是不会提高的。实际上写作基于阅读。老师教得好，学生读得好，才写得好。"

1963年，广东籍语文教育名师丁有宽为解决读写教学效果不佳的问题，开始进行旨在提高学生读写能力的读写结合训练体系的探索。在他严密的训练体系下，读写结合教学更系统，更具有指导价值。

读写结合为阅读与写作之间构建起一座桥梁，为学生的言语实践提供了路径。近年来，在新课改背景下，更多的学者进一步强调了阅读教学中通过言语实践提升表达能力的重要性。

2015年，上海师范大学吴忠豪教授在其论著中提出：阅读能力是读出来的，作文能力、说话能力是在实践当中形成的，这是语文教学的基本规律。他同时认为，单元阅读课的教学设计要以"指向表达"为旨归，设计多种言语实践活动，让学生在言语实践活动中学会表达。

2018年，著名语文教育家余映潮先生也在其文章中提出："让学生在大量的实践活动中学习运用语文的规律。"他认为，"语文教学更加重要的任务是形成、提升学生终身受用的阅读与表达能力"，要将语言的组织与运用作为语文课最终的落脚点和归宿，利用课文进行阅读分析能力训练以及口头、书面两种形式的表达能力训练，帮助学生完成言语经验的升华。

通过以上梳理不难看出：这些语文教育专家实际上都强调了阅读教学要以语文积累为基础，以阅读与表达实践为基本，科学有序地引导学生学习运用语言文字的方法和规律，从而有效提升学生的言语表达能力，这些经验与措施对本课题有极大的参考价值和借鉴意义。但是在教学中我们也发现，如果教师只是一味地把阅读教学指向言语表达，难免会出现机械式读写、只读不写或是只写不读等现象，不仅不能有效提高学生的表达能力，反而会在一定程度上挫伤学生阅读和写作的兴趣，因此，我们必须要让学生在大量的阅读中丰富自己的言语经验，进行言语实践，最终才能真正有效地提升学生的阅读能力和表达能力。

新课标指出："语文课程是一门学习语言文字运用的综合性、实践性课程。"与此同时，《普通高中语文课程标准（2017年版2020年修订）》把"语文学科核心素养"分解为四个维度，其中"语言的建构与使用"居于首要位置，前面也提到了小学语文学科核心素养的维度包括"语文表达"。因此在核心素养背景下，小学语文教师不仅要传授学生理论知识，也要重视培养学生语文关键能力，要改变以往陈旧的教学模式与理念，将核心素养作为教学活动的目标导向，在提升学生阅读量的同时，丰富学生语言的积累、提升学生的语言表达能力，最终实现学科核心素养的优化培育。

新版统编教材实际上已经把"延伸阅读"部分纳入教学体制，明确提出了"1+X"的阅读教学方式，即讲一篇课文，附加若干篇泛读或课外阅读文章；同时，统编小学语文教材在"阅读与表达均衡推进"的理念引领下，打破了原有教材编排思路，单元模块设置比以前更加清晰，大大加重了习作内容的比重，更加注重学生表达能力的培养和提升。

构建指向言语实践的"1+X"群文联读课程体系，形成指向言语实践的"1+X"群文联读教学策略，探求群文阅读与写作整合的系统化操作方法，让学生的语文学习在言语实践活动中循序渐进地深入，让学生的学科素养在言语实践活动的濡染与渗透中提高，带领学生感悟语文的真谛，品味语文的规律，从而发现有效的读写整合规律，改善阅读低效化和写作能力不足的现状，提高语文教学效率。

通过对五四制统编语文教材的研读，初步形成了各册教材每个单元的言语实践点，即读写结合点。在阅读教学中，抓住这些言语实践点进行扎扎实实的训练，逐步提高学生的写作能力。如梳理出的三年级上册和下册的"言语实践"点（见表2-5-1、表2-5-2）。

表2-5-1

三年级上册	"言语实践"点	课文名
第一单元	学会用拟人手法写景	《花的学校》
第二单元	学会用比喻手法写景	《秋天的雨》
第三单元	写好人物对话中的提示语	《在牛肚子里旅行》
第四单元	用"反复"手法续编童话	《总也倒不了的老屋》
第五单元	写好观察对象的连续性动作	《搭船的鸟》
第六单元	围绕中心句写一处景物	《海滨小镇》
第七单元	运用多种修辞手法把观察景物写生动	《大自然的声音》
第八单元	学习通过动作描写展现人物心理	《掌声》

表2-5-2

三年级下册	"言语实践"点	课文名
第一单元	学会用排比手法把观察到的事物写清楚	《荷花》
第二单元	通过人物对话展现人物形象	《陶罐和铁罐》
第三单元	围绕一个意思写出事物不同形态	《赵州桥》
第四单元	通过描写观察事物的变化，写清实验过程	《蜜蜂》
第五单元	运用反方向想象，创编故事	《宇宙的另一边》
第六单元	通过对比描写突出人物特点	《剃头大师》
第七单元	学习从不同方面把事物写清楚	《海底世界》
第八单元	通过离奇曲折的情节创编童话故事	《漏》

三、提升学生作文能力的教学策略

具体来说，在阅读教学中提升学生的作文能力，可以采取以下教学策略。

1. 优化设计，落脚训练

精读课文的一般教学模式是：初读，整体感知——再读，理解内容——精读，品析词句——实践，迁移运用。前两个环节侧重于引导学生感受文章内容、人文价值，后两个环节侧重于引导学生体会写作特点、运用内化。在课内紧紧抓住"读"和"写"两条线，选好读写结合的"点"，使"写"成为阅读教学的有机组成部分，努力形成具有操作性、实效性、多样化的"读写结合"教学模式。如果把一次小练笔比作一颗珠子的话，那么，这样由每个单元组成的一册读写训练就不是一颗颗遗珠，而是一串亮眼的珠链了。

小学语文教材秉承新课标理念，追求专题意义上的整合。单元模块教学，正是倡导教师要立足于中观视野，充分领会教材编写上的特点，整体吃透教材、使用教材，并能在更宽广的知识天地里整合、调用语文资源，使语文教学更好地为语文素养的形成与发展服务。基于这样的理解，我们在读写结合的探究上进行整组主题教学的模式。课内外相结合的主题式教学在阅读教学中屡见不鲜，不过运用到写作中还需要动动脑筋，以便找到适宜的读写结合点。就如新课标中所说"学习资源和实践机会无处不在，无时不有"。就以教材中"祖国河山"这个单元为例，在完成教材规定的内容的同时，教师就可以把重心放在对家乡美景的积累拓展上。如上完《美丽的小兴安岭》后，安排开展"家乡美景知多少"的资料收集活动，组织学生收集介绍家乡美景的图片、文字、影像等资料，指导写家乡美景导游词的练笔。有了大量的材料准备，结合课内所学，学生的思路一下子打开，都像模像样地当起了导游，介绍家乡美景，并且能够运用本单元学到的方法，写下家乡的美景，每个人笔下的美景都内容翔实，过渡自然，情感丰富，可读性很强。同时，在学习课文的同时，就把本单元的习作任务提前布置给学生，习作时定会水到渠成。

2. 优化教学，提高实效

《论语》有云："知之者不如好之者，好之者不如乐之者。"找到适宜的读写结合的训练点只是完成了外因的部分，真正要落实写作任务还得内因起作用，这就是学生写作的欲望和兴趣。那么，如何激发学生的内因呢？下面介绍两种方法。

（1）一题多做。教师常以为学生对写作是畏惧的，那是因为教师只看到学生思考力疲乏和想象力迷失的时候。作为语文教师，要激发学生潜在的思维欲望，点燃哪怕只有一星半点的智慧火花，何等重要！在教学《燕子》一课后，采用一题多做的形式，即根据第1段燕子的外形描写进行迁移，片段仿写《鹦鹉》，又引导学生在熟读背诵课文的基础上，尝试第一人称改写，题目为《我是一只春天的燕子》或《我是春天的使者》，及时调动了学生思维和创作的积极性。多角度的读写结合，极大地刺激了学生的创作欲望。教师稍加修正和指导，就达到了既巩固课内知识，又实现意象迁移拓展，还发展了学生的语言运用能力和想象能力等多重目的，真是一举多得。

（2）由扶到放。在读写结合点训练的时候，教师要把握好"扶"的火候。所谓"教是为了不教"，扶到哪一步，可以放手，这将决定从"教"到"不教"的飞跃。前期"扶"的准备工作必须做足，无论是材料还是兴趣，缺一不可。在找准读写结合训练点的基础上，如何训练结合点，即"完成形式的迁移和内容的具体指导，真正扎实训练点的内容，做到言之有物"。

为了避免以形式掩盖内容或形式至上的华而不实的训练，我们注重练写内容的提示落实。如在《为中华之崛起而读书》一文学习中，有一处"从租界回来后，周恩来在沉思"内容的练笔。由于课文所写故事时代早，内容也深，所以学生写起来会比较困难。为了降低练笔难度，教师引导学生联系课文内容，一是在第6自然段找"沉思"的内容——从"一连串问题使周恩来疑惑不解"处寻求答案；二是在租界所见不公平的事件中悟周恩来"沉思"的内容——面对中国妇女受欺负的可怜、一些中国巡警耀武扬威为虎作伥的可气、一些中国民众敢怒不敢言的可悲和一个洋人肇了事还得意扬扬的可恶可恨等；三是从第17自然段明白周恩来"沉思"的内容——"是的，少年周恩来在那时就已经认识到……"学生的练笔出来了——从租界回来后，周恩来常常一个人在沉思：为什么洋人在租界如此飞扬跋扈？是因为中华不振！为什么巡警在自己的土地上不为妇女主持公道？也是因为中华不振！为什么围观的民众敢怒不敢言？还是因为中华不振！中国同胞，哀其不幸，怒其不争啊！中国人，要发愤振兴中华，一定不能再受帝国主义的欺凌，我们要团结一心，将侵略者赶出去！我要从现在开始立志：为中华之崛起而读书！情动而辞发，水到渠成的训练，写出一气呵成的心声！如此安排，化难为易，举重若轻，"扶"得恰到好处。

天津著名特级教师李卫东有习作训练的慧语，他认为习作训练应有三个序列："一是读中学写，明了基本的句式、段式和篇章结构，好像是岸上学习人家是怎样游泳的；二是写中学写，获得写句子、段落和文章的技巧，犹如在河边练习游泳姿势，掌握水性；三是生活作文，在写作实践中自由表达，犹如在河中练习游泳。三者齐头并进，互相促进，缺一不可。"所幸的是，我们所思考和探究的在中年级阅读教学中渗透作文学法指导正符合这三个序列，逐步展开推进——教师巧向教材借"妙笔生花"，通过模仿实现由读到写的段的训练，再到连段成篇的迁移，不失为对学生进行语言实践运用的良好策略。如此在中年级打好了写作的基础，到高年级再也不必担心学生面对作文望而生畏、笔端生涩了。很喜欢陈铁波老师的这句话："你把孩子带来了，还应该指引他往哪里去。"它适合每一个跟孩子成长相关的人，对于语文教师而言，那就是应该为学生学习语文、爱上写作寻找到一条通畅光明的道路，让我们继续为此探索和努力。

第六节　小学语文教学问题与解决策略
——综合性学习篇

　　语文课程是一门学习语言文字运用的综合性、实践性课程。综合性学习具有整体性、自主性与开放性等特点，是学生综合能力的表现，有利于提高学生的核心素养。新课标指出："综合性学习主要体现为语文知识的综合运用、听说读写能力的整体发展、语文课程与其他课程的沟通、书本学习与生活实践的紧密结合。"由此可见，综合性学习是提高学生学科核心素养的重要途径。

一、现状及原因分析

　　综合性学习既符合语文教育的传统，又具有现代社会的学习特征，有利于学生在感兴趣的自主实践活动中全面提高语文素养。因此，课程标准中也指出了综合性学习的特点：应贴近现实生活、应突出学生的自主性、应强调合作精神、设计应开放多元等。因此，统编版教材从三年级开始，每学年安排一次综合性学习，且均安排在下册。相比以往教材每学期一至两次的综合性学习内容安排，统编版教材安排的次数大幅减少，但并不意味着统编版教材对综合性学习的忽略，而是在于求精，重在落实。

　　在实际的教学中，综合性学习的效果却不尽如人意，主要表现在：①教材上怎么设计的就怎么教，按部就班，不能够很好地结合本地、本校实际和学生的生活实际；②孤立地处理综合性学习的内容，不能整体把握综合性学习的内容和目标；③把综合性学习和课文的学习分割开来，不能充分利用课文资源；④根据教学进度安排综合性学习的时间，不能统筹安排综合性学习的时间等。

究其原因，主要是学科教师虽然能够认识到综合性学习对提高学生语文素养的重要性，但是"教教材"的理念依然根深蒂固，还没有真正认识到开展综合性学习的重要性，对于如何进行有效设计和实施缺少具体的策略。

二、改进策略

1. 用好教材，有效开展语文综合性学习

语文教材是综合性学习的基础和参考。统编版教材中，综合性学习的内容是预设的，内容非常丰富，包括"轻叩诗歌的大门""遨游汉字王国""语言的魅力"这样的语言主题；还有"走进信息世界""难忘的小学生活"这样的非语文性主题。所以教师就应当将这些综合性学习内容和语文学科结合起来，培养学生把握人生、感受社会、热爱祖国、传承文化的思想意识。根据教材中所提出的教学建议，结合学校和学生的实际情况进行取舍，设计出最符合学生的教学模式，促进学生的综合发展。

（1）把握单元主线，明确学习任务

统编版教材的一个显著特点是双线组元，即采用"人文主题"与"语文要素"双线组织单元的结构。这样的编排既凸显宽泛的人文主题，又围绕螺旋上升的语文要素，切实将全面提升学生的语文素养作为教学的出发点和落脚点。综合性学习内容的安排也与此紧密联系。如三年级下册综合性学习"中华传统节日"，安排在第三单元。该单元的人文主题为"深厚的传统文化，中国人的根"，语文要素为"收集传统节日的资料，交流节日的风俗习惯，写一写过节的过程"。可以看到，本组综合性学习，与单元主题紧密相连，与课文学习并行，对应语文要素训练。在学习时，可根据教材编排特点，与课文学习相整合，如课文三首古诗分别描写了三个传统节日，可举办一个诗歌分享会，收集描写中华传统节日的诗歌，从诗歌中感受中华文化的魅力。到了高年级的综合性学习，因为是以整体单元出现的，可开展项目化

学习，先明确单元主题与训练要素，然后根据活动建议，组织学生进行资料收集与整理并完成项目，最后进行成果汇报。

（2）充分发挥学习小组的作用，开展项目化学习

综合性学习不是学生个体独立完成的，而是依托小组进行的。新课标倡导"自主、合作、探究的学习方式"，因此，在小学语文综合性学习中，可以以项目的形式，安排学生以小组为单位进行合作学习。语文综合性学习的流程通常是"布置任务—开展活动—汇报成果"，这样的流程容易"走过场"，其结果是即使已经开展活动了，学生的能力也并没有得到提升。尤其统编版教材综合性学习次数少，我们更不能满足于"教过"，应该追求学生"学会"。如五年级下册第三单元综合性学习单元安排的是"遨游汉字王国"。这次综合性学习是以单元整体编排的，这给了我们充足的时间去完成。在教学时，先让学生阅读课文，明确此次活动的任务。接着指导学生分组，进行任务分解，制订活动计划。然后给予充足时间，让学生以小组形式开展实践研究。这个环节要注意引导学生除了阅读课本资料，还应借助网络或图书馆等方式，收集相关资料并进行整理。教师还要注意监督这个过程，督促学生按计划完成各项任务。最后指导学生完成研究报告。学生完成研究报告后，还可以举办一个成果汇报会，在汇报中要加强语文学科与数学、科学、艺术等的整合，让学生画一画、唱一唱、演一演等多种形式，可融入美术、音乐、信息技术等学科知识，把自己的研究成果进行展示。这样的综合性学习过程，既锻炼了学生收集整理资料的能力，又发展了学生的合作、表达能力，学生不仅关注到了学科知识，同时也感受到了汉字文化的博大精深。

2. 开发学习资源，提升学生综合素养

开展综合性学习，既要依据教材，又不能拘泥于教材。新课标指出：语文课程是实践性课程，应注重培养学生的语文实践能力，而培养这种能力的主要途径是语文实践。语文课程是学生学习运用祖国语言文字的课程，学习资源和实践机会无处不在，无时不有。因此，学校和教师要高度重视语文综合性学习资源的开发。

作为一名小学语文教师，在开发和利用小学语文学习资源时应思考两个问题：我们是否已经充分利用现成的教材资源？除了现成的教材资源外，还有哪些资源有待我们在教学实践中去挖掘和开发？

（1）活化教材资源，丰富教学活动

以教材为依托，以课堂为平台，深刻挖掘课内资源，"教材无非是一个例子"。"教师不能把教材作为'圣经'，应把它作为课程资源的一种，与其他的课程资源一起支撑新课程。"教师应将教材看成一个活的文本，一个充满变化的学习资源，要根据学生的实际和发展的需要，对教材进行思考和探究，将其整合与加工，做到走进教材又大胆地超越教材。

（2）积极开发并合理利用校内外各种学习资源

学校是学生学习的主阵地，学校的资源对学生产生着潜移默化的影响，包括一草一木。一棵树、一面会说话的墙、板报、标语、校训、班训、自我管理评比栏、每次自我管理总结以及高高飘扬的五星红旗等，都可以成为课程资源，为教学服务。生活有多丰富，学习资源就有多丰富，公园、商场、社区、街道等都蕴藏着丰富的课程资源，教师要有一双"火眼金睛"，利用这些资源，为学生提供语文综合性学习的健康环境和广阔空间。有一位教师开展"和家长逛商店识字"的活动，让学生在商店时记下商品的名称来制作生字卡片。几天过后，学生果然收集了许多商店招牌上的汉字卡片，并记住了许多日用品、食品包装上出现的汉字。通过这种活动，不仅让学生认识到语文与生活的联系，也更有效地开发了社会现实中的语文教育资源。

第七节　小学语文课程资源的开发与利用

　　课程资源是指课程设计、实施和评价等过程中可利用的一切人力、物力、社会文化以及自然因素的总和。随着课程改革的不断深入，越来越多的教师逐渐树立了开发与利用课程资源的意识，并在实践中不断尝试。

　　语文课程资源包括两个方面：一方面是课堂教学资源，如教科书、教学挂历、工具书、教学用具等；另一方面是课外学习资源，如报刊、电影、各种标牌广告、阅览室、社会调查、社会实践、演讲等。

一、对课程资源的认识

1. 教材不是唯一的课程资源

　　从前述对课程资源的界定和时代发展的要求来看，尽管教材仍是重要的课程资源，但它不是唯一的课程资源，特别是强调"用教材来教"，而不是像以往一样"教教材"，合理构建课程资源的结构和功能，体现时代发展的多样化需求就显得非常重要。这包括开发主体的多样化、载体形式的多样化等。绝不能把教科书当作"圣经"一样来解读，今天的教材已经不仅仅是学生书桌上的书本。

2. 教师要高度重视课程资源的开发和利用

　　《基础教育课程改革纲要（试行）》指出："积极开发并合理利用校内外各种课程资源。学校应充分发挥图书馆、实验室、专用教室及各类教学设施和实践基地的作用；广泛利用校外图书馆、博物馆、展览馆、科技馆、工厂、农村、部队和科研院所等各种社会资源以及丰富的自然资源；积极利用并开发信息化课程资源。"

要实现这些目标，教师是关键性因素。教师不仅决定课程资源的鉴别、开发、积累和利用，是素材性课程资源的重要载体，而且教师自身就是课程实施的首要的基本条件资源。换句话说，没有教师，何来学校和教学？所以从这个意义上讲，教师是最重要的课程资源，教师的素质状况决定了课程资源的识别范围、开发与利用的程度以及发挥效益的水平。教师是课改的关键。能够在自身以外的课程资源极其紧缺的情况下，充分发掘和利用已有的资源，甚至"化腐朽为神奇"，实现课程资源价值超水平发挥的正是教师。在课程资源建设的过程中，可以通过教师这一最重要的课程资源的突破来带动其他课程资源的优化发展。

为此，新课标提出："各地区都蕴藏着自然、社会、人文等多种语文课程资源。要有强烈的资源意识，去努力开发，积极利用。""学校应积极创造条件，努力为语文教学配置相应的设备；还应当争取社会各方面的支持，与社区建立稳定的联系，给学生创设语文实践的环境，开展多种形式的语文学习活动。""语文教师应高度重视课程资源的开发与利用，创造性地开展各类活动，增强学生在各种场合学语文、用语文的意识，多方面提高学生的语文能力。"

3. 课程资源的建设必须纳入课程改革计划

改革是一项系统工程，推进新一轮国家课程改革的顺利进行必须有课程资源的支持。"如果制定政策时没有考虑课程所需的资源，而且如果没有必要的资源，学校、教师和学生就会处于得不到满足的局面。"将课程资源建设纳入课程改革计划，这是国家课程改革必须考虑的，也是参与课程改革的教材编写者必须予以统筹考虑的。任何课程资源的短缺，都将在不同程度上影响课程改革的推行。

二、如何有效地开发语文课程资源

1. 厘清教材资源，把握编排特点

统编版教材最大的亮点及改变在于紧扣新课标提出的"语用实践"要求。其中"语用"指的就是语文要素的运用。在编排上，采用了"人文主题"与"语文要素"双线并行的结构组元方式。即每一个单元的语用点，除了以课文的形式出现外，有的在"日积月累"里，有的在"阅读链接"里。

教材资源包括全册教材、单元及课后题等多层次的内容，梳理清楚整册书中有关教材资源的内容，为教学有序推进奠定了基础。课文后面编印了生字表，田字格，设置了朗读、复述、背诵以及字词句的理解与迁移活动，在语文园地中设计了"趣味识字""字词句运用""展示台""日积月累""书写提示"等内容，旨在将"教"聚焦于"识字与写字、认读与积累、正确理解与运用词句"，凸显小学语文的教学重心。设置了"和大人一起读""我爱阅读""快乐读书吧"等栏目，倡导多读书，读好书。

针对每单元目标及重点课文课，紧扣语文要素，对统编版教材中六项指标落实情况进行了细致分析。补充资源具体到每一课，某一点或某一方面的语文知识、语文能力、学习策略、学习习惯，将其融入语文教学活动之中（见表2-7-1至表2-7-10）。

表2-7-1

一年级上册

课题	语文习惯	语文积累	语文表达	思维发展	审美体验	文化传承	补充资源
我是中国人 我是小学生 我爱学语文	1.喜欢学习汉字,初步养成主动识字的习惯。 2.养成爱惜学习用品的习惯。 3.养成良好的写字习惯,写字时执笔姿势和坐姿正确。初步养成书写规范、端正、整洁的习惯。 4.初步养成阅读时爱惜图书的习惯。 5.初步养成尊重对方、专心倾听的习惯。 6.初步养成用普通话与别人交谈的习惯,初步养成敢于发表自己意见的习惯。		与别人交谈,态度自然大方,有礼貌,有表达的自信心。能简单讲述小故事及自己感兴趣的见闻	在图片、视频、情境等的帮助下,初步理解词语的含义和感情	1.获得初步的情感体验,乐于与人交流。 2.受到美好情感的感染,向往美好的情感	初步了解不同民族和地区的文化	1.补充多民族图片、视频,了解我国是个多民族的国家。 2.补充做一名小学生的基本要求

续 表

一年级上册

课题	语文习惯	语文积累	语文表达	思维发展	审美体验	文化传承	补充资源
1.《天地人》	喜欢学习汉字,初步养成主动识字的习惯	1.认识常用汉字1600个左右,会写常用汉字800个左右。2.学习多种识字方法、简单的造字原理,尝试在阅读、生活中积累汉字	1.学说普通话,能正确用发音,流利地说出完整的话。2.通过日常交流正音、与别人交谈,态度自然大方,有礼貌,有表达的自信心	在听读、图片、联系生活等的帮助下,初步理解词语的含义和感情	初步感受汉字的笔画美、结构美	初步培养学生对汉字的喜爱之情,初步体会中国人的灵感和智慧	补充《三字经》配乐吟唱
2.《金木水火土》	1.养成良好的写字习惯,写字时执笔姿势和坐姿正确。初步养成书写规范、端正、整洁的习惯。2.了解笔画、偏旁变化及结构原理、运笔原则、掌握楷书的笔画、形体结构和书写方法、练习用硬笔书写	认识常用汉字1600个左右,会写常用汉字800个左右	学说普通话,能正确发音,流利地说出完整的话	在听读、图片、联系生活等的帮助下,初步理解词语的含义和感情	初步感受汉字的笔画美、结构美	初步培养学生对汉字的喜爱之情,初步体会中国人的灵感和智慧	补充中国文化韵味的三字词组,让学生进行识字诵读

表2-7-2

一年级下册

单元	课题	语文习惯	语文积累	语文表达	思维发展	审美体验	文化传承	补充资源
第一单元	1.《春夏秋冬》	落实指标：1.喜欢学习汉字，初步养成主动识字的习惯。2.初步养成运用学到的识字方法独立识字的习惯。3.养成良好的写字习惯，写字时执笔姿势和坐姿正确，端正、整洁的习惯。4.学生喜欢阅读，初步养成在课内外主动阅读的习惯	落实指标：认识常用汉字1600个左右，会写常用汉字800个左右		1.学习并运用不同方法进行有顺序的观察。2.在图片、视频、情境等的帮助下，初步理解词语的含义和感情	初步感受汉字的笔画美、结构美，说出硬笔楷书基本笔画的变化和结构的特点。课后题：朗读课文、背诵课文。落实指标：1.积累自己喜欢的诗歌、散文等文学作品，以及在阅读和生活中获得的语言材料。2.初步发现象形字的字意美，了解象形字、会意字，形声字和指事字的字意美。3.初步感受语言的音韵美，诵读出语音的准确、语调的韵律、语言的节奏美。4.初步感受、发现并展示语言的优美生动		补充关于春夏秋冬的小儿歌

83

续 表

一年级下册

单元	课题	语文习惯	语文积累	语文表达	思维发展	审美体验	文化传承	补充资源
第一单元	2.《姓氏歌》	落实指标：1.喜欢学习汉字，初步养成主动识字的习惯。2.初步养成运用学到的识字方法独立识字的习惯。3.养成良好的写字习惯，写字时执笔姿势和坐姿正确。初步养成书写规范、端正、整洁的习惯。4.学生喜欢阅读，初步养成课内外主动阅读的习惯	落实指标：认识常用汉字1600个左右，会写常用汉字800个左右。课后题：朗读课文、背诵课文。落实指标：积累自己喜欢的诗歌、散文等文学作品，以及在阅读和生活中获得的语言材料		课后第二题：照样子做问答游戏。落实指标：初步学会收集有用的资料，学习解决实际问题的方法	1.主动了解、感悟汉字的字意美，展开想象，说出自己的理解。2.体会语言的音韵美。练习诵读出语言音节美、规律谐音、音韵相押	1.初步培养学生对汉字的喜爱之情，初步体会中国人的灵感和智慧。2.初步了解不同民族和地区的文化	补充学习《百家姓》
	3.《小青蛙》	落实指标：1.喜欢学习汉字，初步养成主动识字的习惯。2.初步养成运用学到的识字方法独立识字的习惯。3.养成良好的写字习惯，写字时执笔姿势和坐姿正确。初步养成书写规范、端正、整洁的习惯	学习多种识字方法、简单的造字原理识字，尝试在阅读、生活中积累汉字		在图片、视频、情境等的帮助下，初步理解词语的含义和感情	1.初步发现汉字的字意美。了解象形字、会意字、形声字和指事字的意美		补充转转盘识字

续 表

一年级下册

单元	课题	语文习惯	语文积累	语文表达	思维发展	审美体验	文化传承	补充资源
	3.《小青蛙》	4.学生喜欢阅读，初步养成在课内外主动阅读的习惯				2.初步感受语言的音韵美。诵读出语言的准确，语调的韵律、语言的节奏		
第一单元	4.《猜字谜》	落实指标：1.喜欢学习汉字，初步养成主动识字的习惯。2.初步养成运用学到的识字方法独立识字的习惯。3.养成良好的写字习惯，写字时执笔姿势和坐姿正确。初步养成书写规范、端正、整洁的习惯。4.学生喜欢阅读，初步养成在课内外主动阅读的习惯	学习多种识字方法，简单的造字原理识字，尝试在阅读、生活中积累汉字		在图片、视频、情境等的帮助下，初步理解词语的含义和感情	1.初步发现汉字的字意美。了解象形字、会意字、形声字和指事字的字意美。2.初步感受语言的音韵美。诵读出语音的准确，语调的韵律、语言的节奏	初步培养学生对汉字的喜爱之情，初步体会中国人的灵感和智慧	猜灯谜

表2-7-3

二年级上册

单元	课题	语文习惯	语文积累	语文表达	思维发展	审美体验	文化传承	补充资源
第一单元	1.《小蝌蚪找妈妈》	1.喜欢学习汉字，初步养成主动识字的习惯。2.初步养成运用学到的识字方法独立识字的习惯。3.初步养成阅读时爱惜图书的习惯。4.学生喜欢阅读，初步养成课内外主动阅读的习惯	1.掌握汉字的28种基本笔画、常用的偏旁部首，运用笔顺规则，练习用硬笔书写。2.初步养成读书方法独立阅读的习惯。3.积累用词生动、句式精美。4.能结合上下文，借助查找工具书，联系生活实际，理解词语的意思	课后第二题：读一读，用加点的词各说一句话。落实指标：1.主动积累不同形式的词语素材，尝试运用词语进行表达。新意运用词语进行表达。课后第一题：逐步把握主要内容并能简要转述；能具体、生动地讲述故事；能复述课文内容。2.灵活运用词句和说话技巧，抓住要点进行简要转述；能条理清晰地进行简单演述；能准确、生动地复述课文内容	课后第二题：小蝌蚪是怎样长成青蛙的？按顺序把下面的图片连起来，再讲一讲小蝌蚪找妈妈的故事。落实指标：1.初步学会用简单词句概括文章的主要内容。2.初步学会收集有用的资料，学习解决实际问题的方法	1.初步感受汉字的笔画美、结构美。说出硬笔楷书基本笔画的变化和结构特点。2.能初步按逻辑顺序造句，进行写话训练。3.初步感受语言音韵美，诵读出音韵的节奏。语音语调的准确、语调的韵律，语言的节奏。4.初步感受、发现并展示语言的优美生动	初步培养学生对汉字的喜爱之情。初步体会中国人的灵感和智慧	补充蝌蚪演变成青蛙的水墨画视频

续 表

二年级上册

单元	课题	语文习惯	语文积累	语文表达	思维发展	审美体验	文化传承	补充资源
第一单元	2.《我是什么》	1.喜欢学习汉字,初步养成主动识字的习惯。2.初步养成运用学到的识字方法独立识字的习惯。3.学生喜欢阅读,初步养成在课内外主动阅读的习惯。4.初步养成留心周围事物,写自己想说的话的习惯。5.初步养成留心周围事物,写自己想说的话的习惯	1.积累文中经典的比喻、拟人、夸张、对偶、反复、排比等修辞语句。2.能缩句;能直接引用和间接叙述。3.积累自己喜欢的诗歌、散文等文学作品,以及在阅读和生活中表得的语言材料。4.学习并积累记叙文、说明文等特点等内容	课后第一题:说说"我"是什么,会变成什么。落实指标:1.逐步把握主要内容并能简要转述;能具体、生动地讲述故事,能复述课文内容。2.灵活运用词句进行简要转述。技巧,抓住要点进行简要转述;能条理清晰地进行简单演讲;能准确、生动地复述课文内容。课后第二题:读一读,体会加点词的意思,再用它们各说一句话。主动积累这样形式的词语,尝试运用有新意的词语进行表达	课后第一题:说说"我"是什么,"我"会变成什么。成些什么。初步学指标:1.初步学会用简单词句概括文章的主要内容。2.初步学会收集有用的资料,学习解决实际问题的方法。3.能初步按逻辑顺序造句,进行写话训练	1.初步感受语言的音韵美。诵读出语音的准确、语调的韵律、语言的节奏。2.初步感受、发现并展示示范语言的优美生动。3.尝试欣赏语言美	初步培养学生对汉字的喜爱之情。初步体会中国人的灵感和智慧	补充"大气水循环"的动画

87

续 表

二年级上册

单元	课题	语文习惯	语文积累	语文表达	思维发展	审美体验	文化传承	补充资源
第一单元	3.《植物妈妈有办法》	1. 喜欢学习汉字,初步养成主动识字的习惯。 2. 初步养成运用学到的识字方法独立识字的习惯; 3. 逐步养成写字姿势正确,有良好的书写习惯。 4. 逐步养成用硬笔熟练、规范、美观地书写正楷字的习惯	1. 积累自己喜欢的诗歌、散文、小说、戏剧等文学作品,以及在阅读和生活中获得的语言材料。 2. 掌握汉字的28种基本笔画、常用的偏旁部首,运笔原则,练习用硬笔书写	课后第二题: 课文介绍了哪几种动物? 在课文中画出来,再说说它们是怎么传播种子的。 落实指标: 逐步把握主要内容并能简要转述; 能具体、生动地讲述故事; 能复述课文内容; 课后第三题: 哪些植物传播种子的方法? 你还知道下面的词语,仿照课文说一说	课后第二题: 课文介绍了哪几种植物? 1. 学习概括文章主要内容的方法,逐步体会文章表达的思想感情。 2. 能思辨分析,收集整理有用的资料,逐步掌握解决实际问题的方法。 3. 能修改逻辑病句、病段,按顺序排列句段,利用感性材料,多媒体进行思维训练。 4. 发现浅近的童话、寓言、故事中的情感美,练习用朗读展示	初步培养学生对汉字的喜爱之情,初步体会中国人的灵感和智慧		补充"蒲公英传播种子"动画

续表

二年级上册

单元	课题	语文习惯	语文积累	语文表达	思维发展	审美体验	文化传承	补充资源
	3.《植物妈妈有办法》	5.初步养成运用学到的读书方法独立阅读的习惯。6.初步养成留心周围事物,写自己想说的话的习惯	3.学习并积累时间、季节、颜色、文具、数量、人称、职业等不同内容的词语,AABB、ABAC、AABC、ABB等不同形式的词语	落实指标:灵活运用词句和说话技巧,抓住要点进行简要转述;能条理清晰地进行简单演讲;能准确、生动地复述课文内容	5.获得初步的情感体验,乐于与人交流。6.受到美好情感的感染,向往美好的情感		初步培养学生对汉字的喜爱之情,初步体会中国人的灵感和智慧	
第一单元	口语交际:有趣的动物	1.初步养成普通话与别人交谈的习惯;初步养成敢于发表自己意见的习惯。2.初步养成留心周围事物,写自己想说的话的习惯。3.逐步养成用普通话与别人交谈,主动发表自己见解的习惯	1.积累自己喜欢的诗歌、散文、小说等文学作品,以及在阅读和生活中获得的语言材料。2.学习并积累记叙文、说明文、议论文、应用文等文体的要素、特点等内容。3.背诵优秀诗文50篇(段)					

89

续表

二年级上册

单元	课题	语文习惯	语文积累	语文表达	思维发展	审美体验	文化传承	补充资源
第一单元	语文园地一	1.学生喜欢阅读，初步养成在课内外主动阅读的习惯。 2.初步养成运用学到的识字方法独立识字的习惯。 3.逐步养成自改、互改习作的习惯	1.学习并积累和季节、人、数字、反义词、成语、俗语、谚语等有关的不同内容和不同形式的词语。 2.能结合上下文、借助工具书、查找生活实际、联系理解词语的意思	第二板块字词句运用：体会每组加点词的不同意思，选一组演一演。灵活运用词句和说话技巧，抓住要点进行简要转述；能条理清晰地进行简单演讲；能准确、生动地复述课文内容	1.学习并运用不同方法进行有顺序的观察。 2.在图片、视频、情境等的帮助下，初步理解词语的含义和感情。 3.根据图形、符号等，进行初步想象	1.体会、展示语言丰富的情感美。 2.欣赏文学作品，有美好的情感体验。 3.受到美好情感的熏陶和理想的感染，提高审美素养	初步培养学生对汉字的喜爱之情，初步体会中国人的灵感和智慧	补充积累和季节、人、物、数字、反义词、成语、谚语、俗语等有关的不同内容和不同形式的词语

表2-7-4

二年级下册

单元	课题	语文习惯	语文积累	语文表达	思维发展	审美体验	文化传承	补充资源
第一单元	1.《古诗二首》	1.喜欢学习汉字，初步养成主动识字的习惯。2.初步学会运用学到的识字方法独立识字的习惯。3.养成良好的写字习惯，写字时执笔姿势和坐姿正确。初步养成书写规范、端正、整洁的习惯	1.认识常用汉字1600个左右，会写常用汉字800个左右。2.背诵优秀诗文50篇（段）		1.在图片、视频等直观形象的帮助下，理解语言文字的含义并体会感情。2.通过想象、联想等思维方法，体会形象、抒发感情，挖掘含义	初步感受语言的音韵美。诵读出语音的准确、语调的韵律、语言的节奏	初步感受古诗文的魅力	补充春天的古诗
	2.《找春天》	1.喜欢学习汉字，初步养成主动识字的习惯。2.初步学会运用学到的识字方法独立识字的习惯。3.养成良好的写字习惯，写字时执笔姿势和坐姿正确。初步养成书写规范、端正、整洁的习惯	认识常用汉字1600个左右，会写常用汉字800个左右	能连句成段，写出自己见闻的片段（课后第三题：你找到的春天是怎样的？仿照课文的第4~7段或第8段说一说）	1.在图片、视频等直观形象的帮助下，理解语言文字的含义并体会感情。2.通过想象、联想等思维方法，体会形象、抒发感情，挖掘含义	1.初步感受，发现并展示语言的优美生动。2.尝试欣赏语言美	初步培养学生对汉字的喜爱之情，初步体会中国人的灵感和智慧	补充春天的美文

续表

二年级下册

单元	课题	语文习惯	语文积累	语文表达	思维发展	审美体验	文化传承	补充资源
第一单元	3.《开满鲜花的小路》	1. 喜欢学习汉字，初步养成主动识字的习惯。2. 初步养成运用学到的识字方法独立识字的习惯。3. 养成良好的写字习惯，写字时执笔姿势和坐姿正确。初步养成书写规范、端正、整洁的习惯	1. 认识常用汉字1600个左右，会写常用汉字800个左右。2. 学习并积累时间、季节、颜色、文具、数量、人称、职业等不同内容的词语，AABB、ABAC、AABC、ABB等不同形式的词语	初步学习积累词语，连词成句，写出语意完整的句子，对写话有一定兴趣。（课后第二题：仿照例句说一说）	通过想象、联想等方法，体会思想感情，挖掘含义（课后第三题："美好礼物"指的是什么？生活中还有什么也是美好的礼物）	受到美好情感的感染，向往美好的情感		
	4.《邓小平爷爷植树》	1. 喜欢学习汉字，初步养成主动识字的习惯。2. 初步养成运用学到的识字方法独立识字的习惯。3. 养成良好的写字习惯，写字时执笔姿势和坐姿正确。初步养成书写规范、端正、整洁的习惯	积累用词生动、句式精美的段落（课后第三题：读一读，记一记）	正确运用积累的词语进行表达	1. 在图片、视频等直观形象的帮助下，理解语言文字的含义并体会感情。2. 通过想象、联想等方法，体会感情，挖掘含义（课后第二题：借助插图，说说邓小平爷爷植树的情景）	初步发现汉字意美。了解象形字、会意字、形声字和指事字的意美	认识革命人物，初步感知其民族道德精神和道德情操	

续表

二年级下册

单元	课题	语文习惯	语文积累	语文表达	思维发展	审美体验	文化传承	补充资源
第一单元	口语交际：注意说话的语气	良好的口语表达习惯		用普通话交谈，能使用礼貌用语				
	语文园地一	学生喜爱阅读，初步养成在课内外主动阅读的习惯	1.背诵优秀诗文50篇（段）。2.学习并积累词语，能恰当运用词语	初步学习积累词语，连词成句，写出语意完整的句子，对写话有一定兴趣		初步感受语言的音韵美。诵读出语音的准确、语调的韵律、语言的节奏	初步感受古诗文的魅力	
	快乐读书吧：读读儿童故事	1.初步养成阅读时爱惜图书的习惯。2.学生喜爱阅读，初步养成在课内外主动阅读的习惯。3.初步养成运用学到的读书方法独立阅读的习惯		与别人交谈，态度自然大方，有礼貌，有表达的自信心。能简单讲述小故事及自己感兴趣的见闻	1.初步学会用简单词句概括文章的主要内容。2.初步学会收集有用的资料，学习解决实际问题的方法	发现浅近的童话、寓言、故事中的情感美，练习用朗读展示		

表2-7-5

三年级上册

单元	课题	语文习惯	语文积累	语文表达	思维发展	审美体验	文化传承	补充资源
第七单元 我与自然	21.《大自然的声音》	落实指标：1.逐步养成多种比较熟练地运用汉字方法独立识字的习惯。2.认真观察汉字的基本笔画、间架结构，成书写时笔画到位、行款整齐的习惯。3.逐步培养在生活学习中，运用学到的读书方法独立阅读的习惯。	落实指标：认识常用汉字2500个左右，会写常用汉字1600个左右。课后第一题：有感情地朗读课文，背诵第2、3自然段。落实指标：积累课文中优美的句子	课后第二题：说一说课文写了大自然的哪些声音？落实指标：逐步把握课文主要内容，并能找出各种声音	课后第三题：读描写声音的词语，说说在哪里听到过这样的声音？落实指标：根据情境和语言文字的描述，进行初步联想和想象	1.感受楷书的形象美、布局美，行款美。展示硬笔楷书、毛笔楷书的间架结构美。2.了解、感受汉字的字音美，根据字义进行美好想象。3.感受大自然声音的美妙	课后资料袋落实指标：进一步了解不同地域的自然风光，让学生真正走进大自然，体验大自然，发现大自然，激发学生热爱大自然的情感	补充各种声音的音频资料
	22.《读不完的大书》	落实指标：1.逐步养成多种比较熟练地运用汉字方法独立识字的习惯。2.认真观察汉字的基本笔画、间架结构，成书写时笔画到位、行款整齐的习惯	课后第二题：课文中描写了大自然中哪些"好玩的东西"？读下面的句子，再找出类似的语句读一读，体会生动的语言。落实指标：能结合上下文，借助不同语境，查找工具书，联系	课后第二题：在大自然这本"读不完的大书"中，你都读到了什么？仿照课文写一写，和同学交流。落实指标：1.逐步把握主要内容，并能具体	学习概括文章的主要内容的方法，逐步体会文章表达的思想感情	1.初步体会语言的词汇美，构句美和修辞美，感受语言的形象性、规律性	指标未落实	补充竺可桢的《大自然的语言》

续表

三年级上册

单元	课题	语文习惯	语文积累	语文表达	思维发展	审美体验	文化传承	补充资源
	22.《读不完的大书》	3.逐步培养在生活学习中，运用学到的读书方法独立阅读的习惯	生活实际，理解词语的意思	生动地讲述故事。2.主动积累不同形式的词语素材，尝试运用有新意的词语进行表达		2.学习语言美，提高对语言的欣赏水平		
第七单元 我与自然	23.《父亲、树林和鸟》	落实指标：1.逐步养成比较熟练地运用多种识字方法独立识字的习惯。2.认真观察汉字的基本笔画、间架结构，养成书写时笔画整齐的习惯。3.逐步培养在生活学习中，运用学到的读书方法独立阅读的习惯	落实指标：认识常用汉字2500个左右，会写常用汉1600个左右。课后第三题：读句子，说说加点部分给你的感受。落实指标：能结合上下文、查找工具书，联系生活实际，理解词语的意思，体会关键词句在表情达意方面的作用，加深对课文的理解	课后第一题：默读课文，为什么说"我说'我真高兴，父亲不是猎人？'落实指标：运用不同的表达方法来表达自己的感受，加深对课文的理解。课后第三题：读句子，说说加点部分给你的感受。落实指标：主动积累不同形式的词语素材，尝试运用有新意的词语进行表达	课后第二题：你同意下面这些对父亲的判断吗，说说理由。落实指标：根据情境和语言文字的描述，进行初步联想和想象	1.展开想象，获得情感体验，交流情感受。2.初步体会语言的词汇美和修辞美，感受语言的形象性、规律性。3.学习语言美，提高对语言的欣赏水平	指标未落实	补充有关人与自然和谐相处的信息资料

续 表

三年级上册

单元	课题	语文习惯	语文积累	语文表达	思维发展	审美体验	文化传承	补充资源
第七单元 我与自然	口语交际：身边的"小事"	落实指标：1.学会做些力所能及的小事，逐步养成做小事的好习惯。2.会倾听、观察、评价，与同学分享感受、身边的小事有哪些、哪些是好事、哪些是不文明现象。3.愿意并能积极参与做好事活动	多注意观察身边的小事，每件小事都有不同的含义，了解其中的道理。每件小事都以不同的方式影响着我们的生活	落实指标：1.用普通话交谈，能使用礼貌用语。2.掌握交流的基本技巧和方法，能进行讲述、复述、转述、演讲	落实指标：1.在语文学习活动中有目的的观察，获得丰富的表象积累。2.根据情境和语言文字的描述，进行初步联想和想象	指标未落实	指标未落实	
	习作：我有一个想法	落实指标：1.留心周围事物，初步养成积累素材、勤于动笔、乐于与别人分享习作的习惯。2.学习把自己的想法写清楚	落实指标：1.学习并积累精彩段落。2.学习并积累段落之间的结构关系	落实指标：1.正确运用标点符号。2.正确运用积累的词语进行表达。3.运用不同的表达方法来表达自己的感受，能写简单的记叙文、纪实作文、想象作文和应用文。4.课内习作训练每学年不少于16次	落实指标：在语文学习活动中，通过对具体形象的感知，运用语言工具进行思维训练	落实指标：1.感受，展示语言意式美、意境美。2.尝试对文学作品的内容、写作手法等进行评价。3.提高对语言的欣赏品位	指标未落实	补充《我有一个想法》例文

96

续表

三年级上册

单元	课题	语文习惯	语文积累	语文表达	思维发展	审美体验	文化传承	补充资源
第七单元 我与自然	语文园地	落实指标：1.学生喜欢阅读，逐步养成在课内外主动阅读的习惯，乐于与同学交流。2.逐步培养在生活学习中，运用学到的读书方法独立阅读的习惯	落实指标：1.通过交流平台，交流读书和积累的方法。培养积累能力。2.通过词句段的运用，学习带"得"字句子的特点，并加以运用。3.会用词语接龙的形式说句子。4.掌握书写提示中字形的特点，并书写漂亮。5.积累中国诗词文化的魅力	1.通过交流平台，交流读书和积累的方法。培养积累能力。2.通过词句段的运用，学习带"得"字句子的特点，并加以运用。3.会用词语接龙的形式说句子	1.会用词语接龙的形式说句子。2.在语文学习活动中，通过对具体形象的感知，运用语言工具进行思维训练	落实指标：积累古诗，体会中国诗词文化的魅力	落实指标：传承中国诗词文化的魅力	

表2-7-6

三年级下册

单元	课题	语文习惯	语文积累	语文表达	思维发展	审美体验	文化传承	补充资源
第一单元"美丽的大自然"	1.《古诗三首》	落实指标:1.逐步养成比较熟练地运用多种识字方法独立识字的习惯。2.认真观察汉字的基本笔画、间架结构;养成书写时笔画到位、行款整齐的习惯。3.逐步培养在生活、学习中运用学到的读书方法独立阅读的习惯	落实指标:认识常用汉字2500个左右,会写常用汉字1600个左右。课后第一题:有感情地朗读课文、背诵课文。能结合上下文、借助不同语境,查找工具书,联系生活实际,理解词语的意思	课后第二题:朗读课文,一边读一边想象古诗描写的画面,在文中画出有新鲜感的词句,和同学交流。落实指标:主动积累不同形式的词和语素材,尝试运用词语进行表达	课后第二题:结合诗句的意思,想象画面,说说三首诗分别写了怎样的景象。落实指标:根据语言文字的描述,进行初步的联想和想象	感受楷书的形象美、布局美、行款美。展示硬笔楷书、毛笔楷书的笔画美,结构美。课后第二题:朗读课文,一边读一边想象描写的画面,在文中画出有新鲜感的词句,和同学交流。落实指标:1.展开想象,获得情感体验,交流感受。2.了解、感受汉字的字意美,根据字义进行美好想象	落实指标:感受诗文魅力,体会中华文化的核心思想理念和人文思想	补充描写春、夏时节的古诗

98

续表

三年级下册

单元	课题	语文习惯	语文积累	语文表达	思维发展	审美体验	文化传承	补充资源
第一单元"美丽的大自然"	2.《燕子》	落实结合:1.逐步养成比较熟练地运用多种识字方法独立识字的习惯。2.认真观察汉字的基本笔画、间架结构，养成书写整洁、行款整齐的习惯。3.逐步培养在生活、学习中运用学到独立阅读方法的习惯	落实指标:认识常用汉字2500个左右，会写常用汉字1600个左右。课后第二题:读一读、记一记，再说几个这样的词语。落实指标:能结合上下文，不同语境，借助工具书，联系生活实际，理解词语的意思	课后第二题:读一读、记一记。落实指标:主动积累素材，运用有新意的词语进行表达。课后第三题:找出文中优美生动的语句，读一读，再抄写下来。落实指标:运用不同的表达方法来表达自己的感受，能写简单的想象作文	课后第一题:朗读课文，边读边想象画面，并读出对燕子的喜爱之情。落实指标:根据情境和语言文字的描述，进行初步联想和想象	1.展开想象，获得情感体验，交流感受。2.初步体会语言的词汇美，构句美和修辞美，感受语言的形象性、规律性。3.学习语言美，提高对语言的欣赏水平	落实指标:逐步培养学生对汉字的喜爱之情，较为深入地体会中国人的灵感和智慧	补充对朴饼铎的相关资料

续表

三年级下册

单元	课题	语文习惯	语文积累	语文表达	思维发展	审美体验	文化传承	补充资源
第一单元"美丽的大自然"	3.《荷花》	落实指标：1.逐步养成比较熟练地运用多种方法独立识字的习惯。2.学生喜欢阅读，逐步养成在课内外主动阅读的习惯，乐于与同学交流。3.逐步培养在生活、学习中运用学到的方法独立阅读的习惯	落实指标：认识常用汉字2500个左右，会写常用汉字1600个左右。课文导语："挨挨挤挤""冒"用得真好。落实指标：能结合上下文，能借助不同语境、查找工具书，联系生活实际，理解词语的意思	课后第二题：默读课文，说说你从哪些地方体会到了这一池荷花是"一大幅活的画"。落实指标：逐步把握主要内容并能简要转述、能具体、生动地讲述故事，能复述课文内容。课后第一题：有感情地朗读课文、注意读好下面的词语，背诵第2—4自然段。落实指标：主动积累词语素材，尝试运用有新意的词语进行表达	课后第二题：默读课文，说说你从哪些地方体会到了这一池荷花是"一大幅活的画"。落实指标：学习概括文章主要内容的方法、逐步体会文章表达的思想感情	初步体会语言的词汇美、构句美和修辞美，感受语言的形象性、规律性	书写提示。落实指标：逐步培养学生对汉字的喜爱之情，较好地体会中国人的灵感和智慧	补充叶圣陶的相关资料

续表

三年级下册

单元	课题	语文习惯	语文积累	语文表达	思维发展	审美体验	文化传承	补充资源
第一单元"美丽的大自然"	4.《昆虫备忘录》	落实指标: 1.逐步养成比较熟练地运用多种识字方法独立识字的习惯。2.学生喜欢阅读，逐步养成在课内外主动阅读的习惯，乐于与同学交流。3.逐步培养在生活、学习中运用学到的读书方法独立阅读的习惯	指标未落实	指标未落实	指标未落实	落实指标: 1.感受、展示语言的形式美、意境美。2.尝试对文学作品的内容、写作手法等进行审美评价。3.提高对语言的欣赏品位	指标未落实	补充汪曾祺的相关信息与文章

101

续表

三年级下册

单元	课题	语文习惯	语文积累	语文表达	思维发展	审美体验	文化传承	补充资源
第一单元"美丽的大自然"	口语交际：春天去哪儿玩	落实指标：1.用心倾听别人发言，在倾听过程中有自己的见解。2.逐步养成用普通话交谈、主动发表自己见解的习惯	指标未落实	落实指标：1.用普通话交谈，能使用礼貌用语。2.掌握交流的基本技巧和方法，能进行讲述、复述、转述、演讲	落实指标：1.在语文学习活动中有目的地观察，获得丰富的表象积累。2.根据情境和语言文字的描述，进行初步联想和想象	指标未落实	指标未落实	
	习作：我的植物朋友	落实指标：留心周围事物，初步养成积累素材、勤于动笔，乐于与别人分享习作的习惯	落实指标：1.学习并积累精彩段落。2.学习并积累段落之间的结构关系	落实指标：1.正确运用标点符号。2.正确运用积累的词语进行表达。3.运用不同的表达方法来表达自己的感受，能写简单的记叙文、纪实作文、想象作文和应用文。4.课内习作训练每学年不少于16次	落实指标：在语文学习活动中，通过对具体形象的感知，运用语言工具进行思维训练	落实指标：1.感受、展示语言的形式美、意境美。2.尝试对文学作品的内容、写作手法等进行审美评价。3.提高对语言的欣赏品位	指标未落实	

三年级下册

单元	课题	语文习惯	语文积累	语文表达	思维发展	审美体验	文化传承	补充资源
第一单元"美丽的大自然"	语文园地	交流平台。落实指标: 1.学生喜欢阅读，逐步养成在课内外主动阅读的习惯，乐于同学交流。2.逐步培养在生活、学习中运用学到的读书方法独立阅读的习惯	交流平台。落实指标: 积累经典的对联、谚语、歇后语和文中优美的句子。指标中补充加入: 围绕有新鲜感的词句展开交流。识字加油站。落实指标: 认识常用汉字2500个左右，会写常用汉字1600个左右。词句段运用。落实指标: 两组并列结构的词。第一题。落实指标: 1.学习并积累和季节、人、物、数字、反义词、成语、谚语、俗语等内容有关的不同内容和不同形式的词语。	词句段运用。第一题: 说说括号中哪个词语在句子中更合适。落实指标: 主动积累不同形式的词语素材，尝试运用有新意的词语进行表达。	词句段运用。落实指标: 1.在语文学习活动中进行思辨分析，运用逻辑的方法收集整理有用的资料，掌握解决实际问题的方法。	交流平台。落实指标: 1.展开想象，获得情感体验，交流感受。	指标未落实	

续表

三年级下册

单元	课题	语文习惯	语文积累	语文表达	思维发展	审美体验	文化传承	补充资源
第一单元"美丽的大自然"	语文园地		2.能结合上下文、借助不同语境，查找工具书、联系生活实际，理解词语的意思。 日积月累：安排古诗《忆江南》。落实指标：积累自己喜欢的诗歌、散文、小说等文学作品，以及在阅读和生活中获得的语言材料	词句段运用。第二题：列举本单元课文中的两个句子。落实指标：能用普通话交谈，使用礼貌用语，能认真倾听别人的谈话，正确表达自己想法	2.在语文学习活动中，通过对具体形象的感知，运用语言工具进行思维训练	2.初步体会语言的词汇美、构句美和修辞美，感受语言的形象性、规律性		

表2-7-7

四年级上册

单元	课题	语文习惯	语文积累	语文表达	思维发展	审美体验	文化传承	补充资源
第一单元"自然之美"	1.《观潮》	落实指标：1.逐步养成比较熟练地运用多种方法独立识字的习惯。2.逐步养成用硬笔书写正楷字的习惯，初步养成书写规范、正、整洁的读书写的习惯。3.逐步培养在生活、学习中运用学到的读书方法独立阅读的习惯。	落实指标：1.认识常用汉字2500个左右，会写常用汉字1600个左右。2.积累丰富，描写细腻的段落。课后第一题：有感情地朗读课文，背诵课文第3、4段。落实指标：积累丰富、描写细腻的段落。	落实指标：主动积累不同形式的词语素材，尝试运用有新意的词语进行表达。课后第二题：说说课文是按照什么顺序描写钱塘江大潮的，你的脑海中浮现出怎样的画面的画面，选择印象最深的读和同学交流。	落实指标：根据情境和语言文字的描述，进行初步联想和想象。读《浪淘沙》（其七），从课文中找出与诗的内容相关的句子。	落实指标：1.感受楷书的形象美，布局美。行款美。展示硬笔楷书、毛笔楷书的笔画美，结构美。2.了解，感受汉字的字意美，根据字义进行美好想象。3.展开想象，获得情感体验，交流感受。课后第二题：说说课文是按照什么顺序描写钱塘江大潮的，你的脑海中浮现出怎样的画面，选择印象最深的和同学交流	指标未落实	以图文结合的方式，补充钱塘江的地理位置及形成原因
	2.《走月亮》	落实指标：1.逐步养成比较熟练地运用多种方法独立识字的习惯。	落实指标：认识常用汉字2500个左右，会写常用汉字1600个左右。	课后第二题：读句子（略），你的脑海中浮现出怎样的画面？课文中还有哪些画面给你留下深刻的印象？利用和同学交流。	落实指标：根据情境和语言文字的描述，进行初步联想和想象。	1.展开想象，获得情感体验，交流感受。	我国南方一些地区的习俗，常在有月亮的晚上，到户外月光下游玩、散步、嬉戏。	补充拓展我国其他地区的习俗，丰富积累。

续 表

四年级上册

单元	课题	语文习惯	语文积累	语文表达	思维发展	审美体验	文化传承	补充资源
第一单元"自然之美"	2.《走月亮》	2.认真观察汉字的基本笔画、结构;养成书写时笔画到位、行款整齐的习惯。3.逐步培养在生活、学习中运用学到的读书方法独立阅读的习惯	课后第二题:读课文,注意加点的词语。落实指标:能结合上下文,借助工具书,查找资料,理解词语的意思	落实指标:主动积累不同形式的词语素材,尝试运用有新意的词语进行表达。课后小练笔:读读课文第6自然段,说说课文中"我"的所见所想。你还记得吗?仿照着写一写。落实指标:运用不同的表达方法表达自己的感受,能写简单的想象作文	课后第二题:读句子(略),你的脑海中浮现出怎样的画面?课文中还有哪些画面给你留下了深刻的印象?和同学交流	2.初步体会语言的词汇美,构句美和修辞美,感受语言的形象性、规律性。3.学习语言美,提高对语言的欣赏水平	称为"走月亮"。落实指标:逐步认识民间文学及民风民俗的来源。进一步增强民族自豪感和自信心	
	3.现代诗二首《秋晚的江上》《花牛歌》	落实指标:1.逐步养成比较熟练地运用多种识字方法独立识字的习惯。2.学生喜欢阅读,逐步养成在课内外主动阅读的习惯,乐于与同学交流。	落实指标:积累自己喜欢的诗歌、散文,小说等文学作品,以及在阅读和生活中获得的语言材料。课文导语:反复朗读下面两首诗,说说诗中描绘了哪些景物,这些景物构成了怎样的画面	课文导语:反复朗读下面两首诗,说说诗中描绘了哪些景物,这些景物构成了怎样的画面。落实指标:主动积累有新意的词语,尝试运用有新意的词语进行表达	1.在图片、视频、情境等的帮助下,进一步理解句子、文章的含义和感情。	1.对音韵美有独特的感受,体会并说出其特点。优美地诵读出语言的节奏、规律谐音、音韵相拥。	指标未落实	补充拓展相关主题的现代诗进行赏读品析

四年级上册

单元	课题	语文习惯	语文积累	语文表达	思维发展	审美体验	文化传承	补充资源
	3. 现代诗二首《秋晚的江上》《花牛歌》	3. 逐步培养在生活、学习中运用语、学到的读书方法独立阅读的习惯			2. 根据情境和语言文字的描述，进行初步联想和想象	2.分析品味语言的词汇美、修辞美、意境美，对语言美有独特的发现和感受。3.提高欣赏品位，在积累运用中体现良好的审美水平。4.品析美文学作品，向往美好的情感和理想，提高审美素养		
第一单元"自然之美"	4.《繁星》	落实指标：1.逐步养成比较熟练地运用多种识字方法独立识字的习惯。2.学生喜欢阅读，逐步养成在课内外主动阅读的习惯，乐于与同学交流。3.逐步培养在生活、学习中运用语、学到的读书方法独立阅读的习惯	落实指标：积累自己喜欢的诗歌、散文、小说等文学作品，以及在阅读和生活中获得的语言材料。课文导语：有感情地朗读课文，根据课文的描述想象繁星满天的画面。你也看过夜晚的繁星吧，说说你的繁星当时的感受	课文导语：有感情地朗读课文，根据课文的描述想象繁星满天的画面。你也看过夜晚的繁星吧，说说你当时的感受。落实指标：主动积累素材，尝试运用有新意的词语进行表达	1.在图片、视频、情境等的帮助下，进一步理解句子、文章的含义和变化。2.根据情境和语言文字的描述，进行初步联想和想象	1.辨别词语的情感色彩，说出感受到的深层情感。用朗读表达情感起伏和变化。2.欣赏文学作品，说出喜爱、憎恶、崇敬、向往、同情等感受，主动交流、表达美好的情感。3.品析美文学作品，向往美好的情感和理想，提高审美素养	指标未落实	读一读其他作家有关星空的描写

107

续 表

四年级上册

单元	课题	语文习惯	语文积累	语文表达	思维发展	审美体验	文化传承	补充资源
	口语交际:我们与环境	落实指标:1.用心倾听别人发言,在倾听过程中有自己的见解。2.逐步养成用普通话与别人交谈,主动发表自己见解的习惯	学习并积累季节、人、物、数字、成语、谚语、俗语等有关的不同内容和不同形式的词语	落实指标:1.用普通话交谈,能使用礼貌用语。2.掌握交流的基本技巧和方法,能进行讲述、复述、转述、演讲	落实指标:1.在语文学习活动中有目的地观察,获得丰富的表象积累。2.能思辨分析,收集整理有用的资料,逐步掌握解决实际问题的方法	落实指标:展开想象,交流示范情感体验,获得情感体验感受	指标未落实	
第一单元"自然之美"	习作:推荐一个好地方	落实指标:留心周围事物,初步养成积累素材、勤于动笔、乐于与别人分享习作的习惯	落实指标:1.学习并积累精彩段落。2.学习并积累段落之间的结构关系。3.学习并积累记叙文、说明文、议论文、应用文等文体特点等内容	落实指标:1.正确运用标点符号。2.正确运用积累的词语进行表达。3.运用不同的表达方法来表达自己的感受,能写简单的记叙文、纪实作文、想象作文和应用文。4.课内习作训练每学年不少于16次	落实指标:在语文学习活动中,通过对具体形象的感知,运用语言工具进行思维训练	落实指标:1.感受、展示语言的形式美、意境美。2.尝试对文学作品的内容、写作手法等进行审美评价。3.提高对语言等的欣赏品位。4.欣赏文学作品,获得美好的情感体验,向往、追求美好的情感	指标未落实	

续表

四年级上册

单元	课题	语文习惯	语文积累	语文表达	思维发展	审美体验	文化传承	补充资源
第一单元"自然之美"	语文园地	交流平台。落实指标：1.学生喜欢阅读，逐步养成在课内外主动阅读的习惯，乐于与同学交流。2.逐步培养在生活、学习中运用学到的读书方法独立阅读的习惯	交流平台。落实指标：积累经典的对联、谚语、歇后语和文中优美的句子。词句段运用。落实指标：学习并积累四季词语的词语。第二词句段运用。落实指标：积累有关的不同内容和语等有关的词语。书写提示。落实指标：了解笔画、偏旁变化及结构原理，运笔原理，掌握楷书的笔画、形体结构和书写方法，练习用硬笔书写。日积月累。安排古诗《鹿柴》。落实指标：积累自己喜欢的诗歌、散文、小说等文学作品，以及在阅读和生活中获得的语言材料	词句段运用。第一题：有关声音的词语。落实指标：主动积累不同形式的词语素材，尝试运用有新意的词语进行表达。第二词句段运用。落实指标：用加点的词语选取一个事物描写。落实指标：正确运用积累的词语进行表达	词句段运用。第二题：用加点的词语选取一个事物描写。落实指标：1.在语文学习活动中，通过对具体形象的感知，运用语言工具进行思维训练。2.根据情景和语言文字的描述，进行初步联想和想象	交流平台。落实指标：1.展开想象，交流感受。2.初步体会语言的词汇美，构句美和修辞美，感受语言的形象性、规律性。3.体会叙事作品、诗歌的细腻、丰富的情感，用朗读展示情感起伏和变化。4.欣赏文学作品，获得美好的情感体验，向往、追求美好的情感	指标未落实	

表2-7-8　四年级下册

单元	课题	语文习惯	语文积累	语文表达	思维发展	审美体验	文化传承	补充资源
第二单元"提出并解决问题"	5.《琥珀》	落实指标：1.逐步养成比较熟练地运用多种识字方法独立识字的习惯。2.认真观察汉字的基本笔画、间架结构，养成书写时笔画到位、行款整齐的习惯。3.逐步培养在生活、学习中运用读书方法，学到的独立阅读的习惯	落实指标：1.认识常用汉字2500个左右，会写常用汉字1600个左右。2.学习并积累记叙文、说明文、议论文、应用文等文体的要素、特点等内容。课后第二题：用自己的话说说琥珀的形成的形象	课后第一题：默读课文，提出不懂的问题并试着解决。课后第二题：用自己的话说说琥珀的形成过程。落实指标：1.主动积累不同形式的词语素材，尝试运用有新意的词语进行表达。2.运用不同形式的表达方法来表达自己的感受	课后第三题：推测是什么意思？联系琥珀形成的过程，说说下面的推测依据是什么。落实指标：1.在图片、视频等情境的帮助下，进一步理解句子、文章的含义和感情。2.根据情境描述，进行初步字的描述，进行初步联想和想象	1.感受楷书的形象美，布局美、行款美，展示硬笔楷书、毛笔楷书的笔画美，结构美。2.了解、感受汉字的字意美，根据字义进行好想象。3.体会叙事作品、诗歌的细腻、丰富的情感，用朗读展示情感起伏和变化。4.展开想象，交流感受美好的情感体验，获得情感体验，向往美好的情境。5.欣赏文学作品，追求美好的情感	指标未落实	补充琥珀的形成过程视频，交流对琥珀的了解
	6.《飞向蓝天的恐龙》	落实指标：逐步养成比较熟练地运用多种识字方法独立识字的习惯。	落实语标：认识常用汉字2500个左右，会写常用汉字1600个左右。	课后第二题：假如你是一个解说员，简明扼要地介绍恐龙飞向蓝天的演化过程。	课后第一题：默读课文，提出不懂的问题并试着解决。	1.感受楷书的形象美，布局美、行款美，展示硬笔楷书、毛笔楷书的笔画美，结构美。	指标未落实	补充恐龙的演变视频

续表

四年级下册

单元	课题	语文习惯	语文积累	语文表达	思维发展	审美体验	文化传承	补充资源
第二单元 "提出并解决问题"	6.《飞向蓝天的恐龙》	2.认真观察汉字的基本笔画、间架结构，养成书写时笔画到位、行款整齐的习惯；3.逐步培养在生活、学习中运用学到的读书方法独立阅读的习惯	课后第一题：默读课文，提出不懂的问题并试着解决。课文第三题：课文的不少句子表达的很准确，找出这样的句子读一读，说说自己的体会。落实指标：学习积累记叙文、说明文、议论文、应用文等文体的要素、特点等内容	课后第三题：课文的不少句子表达这样很准确，找出这样的句子读一读，体会。小练笔：读一读，注意加点的部分，并写一段话。落实指标：1.能用普通话交谈，使用礼貌用语，能认真倾听别人的谈话。正2.正确运用记叙、描写、说明等表达方法进行写作，掌握记叙文写作的要求和方法	课后第二题：假如你是一个解说员，简明扼要地介绍恐龙飞向蓝天的演化过程。课后第三题：课文的不少句子表达的很准确，找出这样的句子读一读，体会。落实指标：1.能在一定时间内较准确地观察事物。2.根据情境和语言文字的描述，进行初步联想和想象。3.能思辨分析、收集整理有用的资料，逐步掌握解决实际问题的方法	2.了解、感受汉字的意美，根据字义进行美好想象。3.体会叙事作品、诗歌的细腻、丰富的情感，用朗读展示情感起伏和变化。4.展开想象，获得情感体验，交流感受。5.欣赏文学作品，获得美好的情感体验，向往、追求美好的情感		

续表

四年级下册

单元	课题	语文习惯	语文积累	语文表达	思维发展	审美体验	文化传承	补充资源
第二单元 "提出并解决问题"	7.《纳米技术就在我们身边》	落实指标：1.用心倾听别人发言，在倾听过程中有自己的见解。2.逐步养成比较熟练地运用多种识字方法独立识字的习惯。3.学生喜欢阅读，逐步养成在课内外主动阅读的习惯，乐于与同学交流。4.逐步培养在生活、学习中运用语文的习惯，学到的读书方法独立阅读的习惯	落实指标：认识常用汉字2500个左右，会写常用汉字1600个左右。课后第一题：朗读课文，把文中不懂的科学术语读准确。落实指标：朗读课文，读了课文，你有什么不懂的问题跟同学交流。落实指标：学习并积累记叙文、说明文、议论文、应用文等文体的要素、特点及内容	课后第一题：朗读课文，把文中的科学术语读准确，读了课文，你有什么不懂的问题跟同学交流。课后第二题：选择其中一句话，说说你的理解。落实指标：1.能用普通话交流，使用礼貌用语，能认真倾听别人的谈话，正确表达想法。2.逐步把握主要内容并能简要转述；能具体生动地讲述故事，能复述课文内容。3.掌握交流的基本技巧和方法，能进行讲述、复述、转述、演讲	课后第二题：选择其中一句话，说说你的理解。选做：如果让你使用纳米科技，把它用到生活中的哪些地方，发挥想象说一说。落实指标：1.能在一定时间内较准确地观察事物。2.根据情境和语言文字的描述，进行初步的联想和想象。3.能思辨分析、收集整理有用的资料，逐步掌握解决实际问题的方法	选做：如果让你使用纳米科技，你会把它用到生活中的哪些地方。发挥想象说一说。落实指标：1.感受楷书的形象美、布局美、行款美，展示硬笔楷书、毛笔楷书的笔画美、构美。2.展开想象，获得情感体验，交流感受。3.欣赏文学作品，获得美好的情感体验，向往、追求美好的情感		课下交流自己对纳米科技的了解，进一步激发学生热爱科学的兴趣

续表

四年级下册

单元	课题	语文习惯	语文积累	语文表达	思维发展	审美体验	文化传承	补充资源
第二单元"提出并解决问题"	8.《千年梦圆在今朝》	落实指标：1.逐步养成比较熟练地运用多种识字方法独立识字的习惯。2.学生喜欢阅读，逐步养成在课内外主动阅读的习惯，乐于与同学交流。3.逐步培养在生活、学习中运用所学到的读书方法独立阅读的习惯	课文导语：默读课文，说说千年的飞天的飞天梦能在今天实现。可以查查资料，了解我国在航天领域的最新成就。落实指标：1.能在一定时间内较准确地观察事物。2.根据情境和语言文字的描述，进行初步联想和想象。3.能思辨分析，收集整理有用的资料，逐步掌握解决实际问题的方法	课文导语：默读课文，说说千年的飞天的飞天梦能在今天实现。落实指标：1.正确运用积累的词语进行表达。2.运用不同的表达方法来表达自己的感受，能写简单的记叙文、纪实作文和应用文	课文导语：默读课文，说说千年的飞天梦能在今天实现。落实指标：根据情境和语言文字的描述，进行初步联想和想象	1.体会叙事作品、诗歌的细腻、丰富的情感，用朗读展示情感起伏和变化。2.展开想象，获得情感体验，交流感受。3.欣赏文学作品，获得美好的情感体验，向往追求美好的情感	指标未落实	补充我国在航天领域的最新成就

续 表

四年级下册

单元	课题	语文习惯	语文积累	语文表达	思维发展	审美体验	文化传承	补充资源
第二单元"提出并解决问题"	口语交际：说新闻	落实指标：1.用心倾听别人发言，在倾听过程中有自己的见解。2.逐步养成用普通话与别人交谈，主动发表自己见解的习惯	交际要点：从你最近了解的新闻中选一则你感兴趣的跟同学交流。落实指标：1.能在一定时间内较准确地观察事物。2.根据情境和语言文字的描述，进行初步联想和想象。3.能思辨分析，收集整理有用的资料，逐步掌握解决实际问题的方法	交际要点：要说明新闻的来源，把新闻说清楚，不要随意更改内容。落实指标：1.用普通话交谈，能使用礼貌用语。2.掌握交流的基本技巧和方法，能进行讲述、复述、转述、演讲	交际要点：从你最近了解的新闻中选一则你感兴趣的跟同学交流。落实指标：1.在语文学习活动中有目的地观察，获得丰富的表象积累。2.能思辨分析、收集整理有用的资料，逐步掌握解决实际问题的方法	交际要点：说说你对这则新闻的看法。落实指标：展开想象，交流感受	指标未落实	
	习作：我的奇思妙想	落实指标：1.留心周围事物，初步养成积累素材、勤于动笔、乐于与别人分享习作的习惯。	落实指标：1.学习并积累精彩段落。	落实指标：1.正确运用并积累的词语进行表达。	落实指标：1.根据情境和语言文字的描述，进行初步联想和想象。	落实指标：1.感受、展示语言文字的描绘的形式美，意境美。	指标未落实	补充其他例子

续 表

四年级下册

单元	课题	语文习惯	语文积累	语文表达	思维发展	审美体验	文化传承	补充资源
	习作：我的奇妙想	2.用心倾听别人发言，在倾听过程中有自己的见解	2.学习并积累段落之间的结构关系。3.学习并积累记叙文、说明文、议论文、应用文等文体的要素、特点等内容	2.运用不同的表达方法来表达自己的感受，能写简单的记叙文，纪实作文、想象作文和应用文	2.在语文学习活动中，通过对具体形象的感知，运用语言进行具体思维训练	2.尝试对文学作品的内容、写作手法等进行审美评价。3.提高对语言的欣赏品位		
第二单元"提出并解决问题"	语文园地	交流平台：梳理、总结遇到的问题时，解决问题的方法。落实指标：1.学生喜欢阅读，逐步养成在课内外主动阅读的习惯，乐于与同学交流。	识字加油站：通过加减偏旁变新字，理解记忆生字。词句段运用：理解一些词汇的新含义并积累新含义词汇。能够用做比较的方法介绍一种事物。落实指标：1.认识常用汉字2500个左右，会写常用汉字1600个左右。	识字加油站：通过加减偏旁变新字，理解记忆生字。词句段运用：理解一些词汇的新含义并累积新含义词汇。能够用做比较的方法介绍一种事物。落实指标：主动积累不同形式的词语素材，尝试运用有新意的词语进行表达。	词句段运用：理解一些词汇的新含义并积累新含义词汇。能够用做比较的方法介绍一种事物。落实指示：1.在语文学习活动中进行思辨分析，运用逻辑的方法收集整理有用的资料，掌握解决实际问题的方法。	日积月累。落实目标：品析文学作品，向往追求美好的情感和理想，提高审美素养。	有意识地在生活场景和书面表达中引用。初步体会中华文化的核心思想理念和人文思想。	

续表

四年级下册

单元	课题	语文习惯	语文积累	语文表达	思维发展	审美体验	文化传承	补充资源
第二单元"提出并解决问题"	语文园地	2.逐步培养在生活、学习中运用学到的读书方法独立阅读的习惯。识字加油站。落实指标:逐步养成比较熟练地运用多种识字方法独立识字的习惯	2.学习并积累和季节、人、物、数字、反义词、成语、谚语、俗语等有关的不同内容和不同形式的词语。日积月累。落实指标:积累经典的对联、谚语、歇后语和文中优美的句子	日积月累。落实指标:正确运用积累的词语进行表达	2.在语文学习活动中,通过对具体形象的感知、运用语言工具进行思维训练			

表2-7-9

五年级上册

单元	课题	语文习惯	语文积累	语文表达	思维发展	审美体验	文化传承	补充资源
第一单元"自然之美"	1.《白鹭》	落实指标：1.硬笔书写楷书，力求书写整齐、行款整齐，有一定速度。2.能用毛笔书写楷书，在书写汉字中体会汉字的优美。3.能用普通话正确、流利、有感情地朗读课文。4.养成留心观察周围事物的习惯，有意识地丰富自己的见闻，珍视个人的独特感受，积累习作素材	落实指标：1.认识常用汉字3000个左右，会写常用汉字2500个左右。2.背诵《白鹭》。课后第三题：朗读课文，抄写自己喜欢的自然段。落实指标：积累借助具体事物抒发情感的方法	落实指标：1.初步了解课文借助具体事物抒发情感的方法。2.写出自己对一种事物的感受。课后第一题：说说从哪些地方感受到"白鹭是一首精巧的诗"	落实指标：读句子，体会其中蕴含的感情	1.感受楷书的形象美、布局美、行款美。展示硬笔楷书、毛笔楷书的笔画美、结构美。2.想象画面、体会情感。课文第二题：课文第6～8自然段描绘了三幅优美的图画，请你为每一幅图画起一个名字	指标未落实	补充介绍白鹭的资料

117

续 表

五年级上册

单元	课题	语文习惯	语文积累	语文表达	思维发展	审美体验	文化传承	补充资源
第一单元"自然之美"	2《落花生》	落实指标：1.硬笔书写楷书，行款整齐，力求美观，有一定速度 2.能用普通话正确、流利、有感情地朗读课文。3.初步了解借助具体事物抒发感情的方法	落实指标：1.认识常用汉字3000个左右，会写常用汉字2500个左右。2.分角色朗读课文，了解课文的主要内容。落实指标：积累借助具体事物抒发感情的方法	课后第二题：从课文中的对话可以看出花生具体有什么样的特点？父亲想借花生告诉"我们"什么道理？落实指标：尊重学生的不同感受，把握的分寸，进行正确的价值观的引导。课后小练笔：花生会让我们想到那些默默无闻做贡献的人。看到下面的事物，你会想到哪些人？选着其中一个，试着写一段话。落实指标：运用借物喻人的写作方法来表达自己的情感	落实指标：在交流中感悟课文表达的意思	1.展开想象，获得情感体验，交流感受。2.学习语言美，提高对语言的欣赏水平	指标未落实	补充介绍许地山的资料

五年级上册

单元	课题	语文习惯	语文积累	语文表达	思维发展	审美体验	文化传承	补充资源
第一单元"自然之美"	3.《桂花雨》	落实指标：1.逐步养成比较熟练地运用多种方法独立识字的习惯。2.能用普通话正确、流利、有感情地朗读课文。3.借助相关语句和资料，体会作者借桂花表达的感情	落实指标：1.说说桂花给作者带来了哪些美好的回忆。2.品读母亲说的话和结尾部分，体会文中的思乡之情。初步了解作者借助桂花抒发感情的方法	借助相关语句和资料，体会作者借桂花表达的感情	落实指标：读句子，体会其中蕴含的感情。课后第二题	1.对音韵美有独特的感受，体会并说出其特点。优美地诵读出语言节奏美、规律相押音、音韵相押。2.分析品味语言的词汇美，修辞美、意境美，对语言美有独特的发现和感受	指标未落实	课后资料袋：《桂花雨》课后"阅读链接"，以文字的方式，让学生感受"这里的桂花再香，也比不上家乡院子里的桂花"这句含义
	4.《珍珠鸟》	落实指标：1.能用普通话正确、流利、有感情地朗读课文。2.养成留心观察周围事物的习惯，有意识地丰富自己的见闻，珍视个人的独特感受，积累作文素材	落实指标：1.认识常用汉字3000个左右，会写常用汉字2500个左右。2.课文中有很多地方写出了珍珠鸟的可爱，找出这样的语句	梳理珍珠鸟与作者之间情感变化的线索	找出描写珍珠鸟可爱的语句，体会作者和珍珠鸟之间的情谊	1.从色彩到形体，作者把小珍珠鸟写得细致逼真，活灵活现，喜爱之情溢于言表。2.感受作者蕴含在字里行间的情感	指标未落实	读一读其他作家有关动物的描写

续 表

五年级上册

单元	课题	语文习惯	语文积累	语文表达	思维发展	审美体验	文化传承	补充资源
第一单元"自然之美"	口语交际:制定班级公约	落实指标: 1.学会合理控制发言时间。2.用心倾听别人发言,在发言过程中有自己的见解	1.发言时注意简洁明了,文明有序,尊重不同见解。2.能梳理总结大家的意见,制定出切实可行的班级公约	落实指标: 1.用普通话交谈,能使用礼貌用语。2.掌握发言的基本技巧和方法	落实指标: 1.激发对美好班级的向往,认识到制定班级公约的重要性。2.在语文学习活动中有目的地分析、想出解决问题的办法	唤起学生对建设美好班级的向往,激发学生制定班级公约的兴趣	指标未落实	
	习作:我的心爱之物	落实指标:留心周围事物,初步养成积累素材,勤于动笔,乐于与别人分享习作的习惯	落实指标: 1.学习并积累精彩段落。2.借助之前习得的观察方法,抓住心爱之物的特点,描述清楚心爱之物的样子	落实指标: 1.正确运用标点符号。2.借鉴课文写法,写清楚自己心爱之物的样子或与事物相关的事件,表达自己的情感	落实指标:在语文学习活动中,通过对具体形象的感知,运用语言工具进行思维训练	落实指标: 1.感受、展示语言的形式美、意境美。2.尝试对文学作品的内容、写作手法等进行审美评价	指标未落实	

续　表

五年级上册

单元	课题	语文习惯	语文积累	语文表达	思维发展	审美体验	文化传承	补充资源
第一单元"自然之美"	语文园地	落实指标：1.引导学生从自己的阅读体验出发，梳理和总结课文借助具体事物抒发感情或说明道理的方法。2.逐步培养遣词造句的能力	交流平台。落实指标：梳理和总结课文借助具体事物抒发感情或说明道理的方法。词句段运用。实指标：1.引导学生体会如何运用对比的写法表达对事物的喜爱之情。2.让学生根据同一词语的不同意思，遣词造句。日积月累。落实指标：借助对啤的描写，表达了诗人对高洁清远的品行和志趣的赞赏	词句段运用。第一题：关于对比写法。落实指标：引导学生体会如何运用对比的写法表达对事物的喜爱之情。词句段运用。第二题：用同一词语造句。落实指标：正确运用积累词语进行表达	词句段运用。第二题：用同一词语的不同意思造句。实指标：正确运用积累词语进行表达	交流平台。落实指标：1.总结课文借助具体事物抒发感情的方法。2.结合具体的语境，初步了解对比的方法在描写事物中的作用。3.比较同一词语在不同语境中的意思，并能恰当运用	指标未落实	

表2-7-10

五年级下册

单元	课题	语文习惯	语文积累	语文表达	思维发展	审美体验	文化传承	补充资源
第一单元"童年生活"	1.古诗三首：《四时田园杂兴》（其三十一）、《稚子弄冰》、《村晚》	落实指标：1.硬笔书写楷书、行款整齐，力求美观，有一定速度。2.能用毛笔书写楷书，在书写中体会汉字的优美。3.写字姿势正确，有良好的书写习惯。4.能用普通话正确、流利、有感情地朗读课文。5.养成留心观察周围事物的习惯，有意识地丰富自己的见闻，珍视个人的独特感受，积累习作素材。	落实指标：1.认识常用汉字3000个左右，会写常用汉字2500个左右。2.诵读优秀诗文，注意通过语调、韵律、节奏等体味作品的内容和情感。3.背诵优秀诗文60篇（段）。课后第一题：有感情地朗读课文。背诵课文。默写《四时田园杂兴》（其三十一）	落实指标：1.阅读诗歌，大体把握诗意，想象诗歌描述的情境，体会作品的情感。2.能写简单的纪实作文和想象作文，内容具体，感情真实。课后第二题：读下面的诗句，说说你眼前浮现出怎样的情景，体会其中的乐趣。课后小练笔：根据诗歌内容，展开想象，选择其中一首改写成短文	落实指标：1.阅读诗歌，大体把握诗意，想象诗歌描述的情境，体会作品的情感。2.能写简单的纪实作文和想象作文，内容具体，感情真实。课后第二题：读下面的诗句，说说你眼前浮现出怎样的情景，体会其中的乐趣。课后小练笔：根据诗歌内容，展开想象，选择其中一首改写成短文	落实指标：1.硬笔书写楷书，行款整齐，力求美观，有一定速度。2.能用毛笔书写楷书，在书写中体会汉字的优美。3.阅读诗歌，大体把握诗意，想象诗歌描述的情境，体会作品的情感。课后第一题：读下面的诗句，说说你眼前浮现出怎样的情景，体会其中的乐趣。	感受祖国山河之美	

续表

五年级下册

单元	课题	语文习惯	语文积累	语文表达	思维发展	审美体验	文化传承	补充资源
第一单元"童年生活"	2.《祖父的园子》	落实指标：1.硬笔书写楷书、行款整齐，力求美观，有一定速度。2.能用毛笔书写楷书，在书写中体会汉字的优美。3.写字姿势正确，有良好的书写习惯。4.能用普通话正确、流利、有感情地朗读课文。5.扩展阅读量。课外阅读总量不少于100万字	落实指标：1.认识常用汉字3000个左右，会写常用汉字2500个左右。2.诵读优秀诗文，注意通过语调、韵律、节奏等体味作品的内容和情感	落实指标：阅读叙事性作品，了解事件梗概，能简单描述自己印象最深的场景、人物、细节，说出自己的喜爱、憎恶、崇敬、向往、同情等感受。课后第二题：读读下面的句子，体会"我"的内心感受。从课文中找出类似的句子，和同学交流	落实指标：阅读叙事性作品，了解事件梗概，能简单描述自己印象最深的场景、人物、细节，说出自己的喜爱、憎恶、崇敬、向往、同情等感受。课后第一题：默读课文，说说"我"和祖父在园子里做了什么，祖父的园子有什么特别之处	落实指标：硬笔楷书、行款整齐，力求美观，有一定速度	感受祖国山河之美	补充阅读萧红的《呼兰河传》
	3.《月是故乡明》	落实指标：1.能用普通话正确、流利、有感情地朗读课文。	落实指标：1.认识常用汉字3000个左右，会写常用汉字2500个左右。	落实指标：阅读叙事性作品，了解事件梗概，能简单描述自己印象最深的场景、人物、细节，说出自己的喜爱、憎恶、崇敬、向往、同情等感受。	落实指标：阅读叙事性作品，了解事件梗概，能简单描述自己印象最深的场景、人物、细节，说出自己的喜爱、憎恶、崇敬、向往、同情等感受。	落实指标：1.诵读优秀诗文，注意通过语调、意韵律、节奏等体味作品的内容和情感。2.注意语言美。	月是故乡明的思乡之情	补充思乡文章

续 表

五年级下册

单元	课题	语文习惯	语文积累	语文表达	思维发展	审美体验	文化传承	补充资源
	3.《月是故乡明》	2.养成留心观察周围事物的习惯,有意识地丰富自己的独特感受,珍视个人的独特感受。3.扩展阅读量。课外阅读总量不少于100万字	2.诵读优秀诗文,注意通过语调、韵律、节奏等体味作品的内容和情感。课文导读:收集一些思乡的诗文,积累并和同学交流	课文导读:默读课文,说说作者由月亮想到了哪些往事和经历,产生了哪些内心感受	课文导读:默读课文,说说作者由月亮想到了哪些往事和经历,产生了哪些感受			
第一单元"童年生活"	4.《梅花魂》	落实指标:1.能用普通话正确、流利、有感情地朗读课文。	落实指标:1.认识常用汉字3000个左右,会写常用汉字2500个左右。	落实指标:阅读叙事性作品,了解事件梗概,能简单描述自己印象最深的场景、人物、细节,说出自己的喜爱、憎恶、崇敬、向往、同情等感受。	落实指标:在阅读中了解文章的表达顺序,体会作者的思想感情,初步领悟文章的基本表达方法。课文导读:说说你对题目的理解	落实指标:1.诵读优秀诗文,注意通过语调、韵律、节奏等体味作品的内容和情感。2.注意语言美。	身在异国的华侨恋恋祖国之心	补充文章《乡愁》

续表

五年级下册

单元	课题	语文习惯	语文积累	语文表达	思维发展	审美体验	文化传承	补充资源
	4.《梅花魂》	2.养成留心观察周围事物的习惯，有意地见闻，珍视个人的独特感受，丰富自己的习作素材。3.扩展阅读量。课外阅读总量不少于100万字	2.诵读优秀诗文，注意通过语调、韵律、节奏等体味作品的内容和情感	课文导读：默读课文。想一想：课文写了外祖父的哪几件事？表达了外祖父怎样的思想感情				
第一单元"童年生活"	口语交际：走进他们的童年岁月	落实指标：1.与人交流能尊重和理解对方。2.乐于参与讨论，敢于发表自己的意见。3.听人说话认真、耐心，能抓住要点，并能简要转述。4.表达有条理，语气、语调适当	落实指标：1.懂得写作是为了自我表达和与人交流。2.养成留心观察周围事物的习惯，有意识地丰富自己的见闻，珍视个人的独特感受，积累习作素材	落实指标：1.乐于参与讨论，敢于发表自己的意见。2.听人说话认真、耐心，能抓住要点，并能简要转述。3.表达有条理，语气、语调适当	落实指标：能根据内容表达的需要，分段表述	落实指标：注意语言美，抵制不文明语言	指标未落实	

续表

五年级下册

单元	课题	语文习惯	语文积累	语文表达	思维发展	审美体验	文化传承	补充资源
第一单元"童年生活"	习作：那一刻，我长大了	落实指标：1.懂得写作是为了自我表达和与人交流。2.养成留心观察周围事物的习惯，有意识地丰富自己的见闻，珍视个人的独特感受，积累习作素材	落实指标：1.学习并积累精彩段落。2.学习并积累段落之间的结构关系。3.学习并积累记叙文、说明文、议论文、应用文等文体的要素、特点等内容。4.能写简单的纪实作文和想象作文，内容具体，感情真实。5.修改自己的习作，并主动与他人交换修改，行款正确，书写规范、整洁，根据表达需要，正确用的标点符号。6.习作要有一定速度	落实指标：1.正确运用标点符号。2.正确运用积累的词语进行表达。3.运用不同的表达方法来表达自己的感受，能写简单的记叙文、想象作文、纪实作文。4.课内习作训练每学年不少于16次	落实指标：在语文学习活动中，通过对具体形象语言的感知，运用语言工具进行思维训练	落实指标：1.感受、展示语言的形式美、意境美。2.尝试对文学作品的内容、写作手法等进行审美评价。3.提高对语言的欣赏品位。4.欣赏文学作品，获得美好的情感体验，向往追求美好的情感	指标未落实	

续 表

单元	课题	语文习惯	语文积累	语文表达	思维发展	审美体验	文化传承	补充资源
				五年级下册				
第一单元"童年生活"	语文园地	落实指标：1.能用普通话正确、流利、有感情地朗读课文。2.能联系上下文和自己的积累，推想课文中有关词句的意思，辨别词语的感情色彩，体会其表达效果。3.扩展阅读量。课外阅读总量不少于100万字	日积月累。落实指标：1.诵读优秀诗文，注意通过语调、韵律、节奏等体味作品的内容和情感。2.背诵优秀诗文60篇（段）	词句段运用。第一题：落实指标：阅读诗歌，大体把握诗意，想象诗歌描述的情景，体会作品的情感	第二题：落实指标：在阅读中了解文章的表达顺序，体会作者的思想感情，初步领悟文章的基本表达方法	交流平台。落实指标：阅读叙事性作品，了解事件梗概，能简单描述自己印象最深的场景、人物、细节，说出自己的喜爱、憎恶、崇敬、向往、同情等感受	指标未落实	

以二年级上册教材为例进行说明。二年级上册是围绕人文主题和语文要素双线组织阅读单元。对照核心素养指标，本册书落实的指标是：语文习惯指标里的第一条，喜欢学习汉字，初步养成主动识字的习惯。第二条，初步养成运用学到的识字方法独立识字的习惯。第三条，初步养成阅读时爱惜图书的习惯。第四条，学生喜欢阅读，初步养成在课内外主动阅读的习惯。语文积累指标中的第三条，积累自己喜欢的诗歌、散文等文学作品，以及在阅读和生活中获得的语言材料。审美体验指标中的第一条，初步感受汉字的笔画美、结构美。第二条，初步发现汉字的字意美，了解象形字、会意字、形声字和指事字的字意美。

二年级上册第一单元以"大自然的秘密"为主题进行编排，侧重体现大自然的一些科学知识。对照核心素养指标，本单元落实的指标是：思维发展指标中的第一条，初步学会用简单词句概括文章的主要内容。语言表达指标中的第二条，灵活运用词句和说话技巧，抓住要点进行简要转述。还没有落实的指标是：审美体验指标中的第二条，诵读出语音的准确、语调的韵律、语言的节奏。聚焦课后题，如《小蝌蚪找妈妈》课后第二题：小蝌蚪是怎样长成青蛙的？按顺序把下面的图片连起来，再讲一讲小蝌蚪找妈妈的故事。落实了思维发展指标中的第一条：初步学会用简单词句概括文章的主要内容。第二条：初步学会收集有用的资料，学习解决实际问题的方法。没有落实思维发展指标中的第三条，能初步按逻辑顺序造句、进行写话训练。需要补充的课外资源是：《小蝌蚪找妈妈》水墨画视频；《我是什么》一课中"大气水循环"动画；《植物妈妈有办法》一课中"蒲公英传播种子"的动画。

从以上分析来看，本次核心素养指标的落实，主要从教材出发，对照教材，把核心素养指标和每一课学习内容进行对照，分析核心素养指标是否已落实，应补充哪些有效资源。所以，资源的选择既要体现语言文字的学习与运用，又要突出情感态度与价值观的教育，使教学真正达到文与道的统一。资源补充和教学方式有创新，才能让学生在实践中激发潜能，提高兴趣。应将课内学习与课外实践相结合，二者互为渗透，将课内习得的知识通过课外实践让学生达到灵活运用。

2. 丰富资源拓展，实践课堂内外

目前从语文教学实际来看，学生语文学习仅仅局限于对字、词、句、段、篇的学习，语文知识积累薄弱，阅读写作能力欠缺，学习成绩提升慢，这会影响学生的学习积极性。从教材来看，传统文化的篇目增加了。小学一年级开始就有古诗文，整个小学六年12册，共选有古诗文124篇，占所有选篇的30%，比原有人教版增加55篇，增幅达80%。平均每个年级20篇左右。教材增加了许多新内容，这对教师和学生是新的挑战。在这样的背景下，急需找出行之有效的教学方式，提高学生对语文学习的兴趣。从学情来看，学生语文学习优势不足，大部分学生语文素养薄弱。从已有的教学资源来看，当前语文教学，除了教材之外，并没有更多的资源可以应用。可见，要想提升语文学科素养，提高教育教学质量，急需在语文教学中补充课外资源、运用资源。某一单元某一课，到底要补充什么教学资源，这个资源通过这一单元或某一课，能让学生具体学会什么，起到什么作用，都不是很清楚。所以，本项目组把需要补充的课外资源排列成一个表，每个学段、单元，甚至每一课要补充哪些资源，落实哪些指标，都一目了然。

基于以上分析，以表格的形式在教学中补充了大量图片表格类、音频视频类、整本书文本类等资源，进一步充实教学内容，丰富语文教学的技巧与方法。资源形式多样，根据资源的形式不同，分为纸质文本资源、多媒体资源、网络资源、实际生活资源。

（1）纸质文本资源

对于补充课外资源，我们在使用统编版教材的过程中，发现教材选编有不少传统文化的内容。特别是一年级教材，上册的《对韵歌》《剪窗花》《江南》《画》《悯农》《古朗月行》《春节童谣》等，下册的《姓氏歌》《静夜思》《端午粽》《古诗二首》等，还有上下册每个单元语文园地的"日积月累"，都是传统文化的内容。

如一年级上册的《天地人》来源于《三字经》中的"三才者，天地人。三光者，日月星"一段，可以找来《三字经》配乐吟唱。《金木水火土》中则涉及中国传统文化中的五行元素，而文中"天地分上下，日月照古今"又体现着古人对宇宙、对时间的思考，极具传统文化意味。下册的《春夏秋冬》用了一组极具中国文化韵味的三字词组，让学生进行识字诵读。《姓氏歌》来源于《百家姓》，这是中国传统文化的重要内容，可以补充从认识同学的姓氏开始认字，拓宽学生的识字面。还有《古对今》《人之初》，这些识字课也都来源于《蒙学经典》，整本书吟诵也是蛮好的。

此外，教材中的插图也具有传统文化的美感。比如，上册的《天地人》一课是以傅抱石先生的国画《一望大江开》铺底的；《江南》一课是以传统水墨画配图的；《剪窗花》一文是以喜鹊登梅和娃娃抱鱼的中华剪纸艺术为背景的。下册的《姓氏歌》是以一幅牧童和白鹅的国画为配图的；《猜字谜》的背景图片是元宵节儿童观花灯；《寻隐者不遇》是以一幅《松下问童子》的国画作为配图……可以尝试让孩子们自己配图也很有意思。

又如四年级下册第四单元人文主题"可爱的动物，我们的好朋友"，由《猫》《母鸡》《白鹅》三篇精读课文及"习作：我的动物朋友"组成，阅读蕴含写法在前、习作指导实践在后。精读课文均为名家名篇，语言精练，章法明了，是学习写作方法的经典范本。阅读教学时，可引导学生反复品读，抓住关键语句重点学习作者如何写出动物特点，体会作者言语间对动物的喜爱之情。教学后可以观察身边的动物朋友，思考从哪些方面介绍自己的动物朋友。试着借助思维导图构思习作；借助提纲厘清写作顺序，通过具体的情境写清楚动物特点，表达自己的喜爱之情。学生互评互改，优化行文，养成完善习作的好习惯。

（2）多媒体资源

教材中的古诗词诵读，可以借助多媒体资源，配乐吟唱。如学习《清平乐·村居》时，鼓励学生选择符合作品情感的音乐，这些音乐不局限于轻音乐、古典乐，也可以是学生喜欢的流行音乐，让学生配合旋律唱出经典诗词。又如学习《乡下人家》这篇课文时，很强的画面感是这篇文章的一大特色。瓜藤攀架图、花开三季图、雨后春笋图、鸡鸭觅食图，这些独立的图画组合在一起，层次丰富，内容清新，构成了一幅完整、独特、迷人的田园风景画。老师教学可以借助多媒体描绘图画，给予学生极大的视觉空间。

再如读《黄继光》时，战争年代对于学生们来说，时间离他们比较久远，如果单单直接导入课文，学生们对于背景不是很了解，就无法深刻地体会人物品质，适当补充故事背景的介绍资源，能帮助学生更好地理解故事，体会人物精神。除此以外，还可以利用假期时间，让学生走访附近英雄人物马耀南故居，进一步感受战争时期英雄们视死如归的伟大品质。

（3）网络资源

如教学《爬山虎的脚》时，教师可以补充展示爬山虎的新叶、长大了的叶子、爬山虎的脚等图片和动画资源，使学生深刻感受爬山虎是怎样"爬行"的。

又如教学《海上日出》《记金华的双龙洞》时，可以为学生补充播放相关景点的解说视频资源，加深对课文内容的理解。学完四年级下册丹麦作家安徒生的《海的女儿》，可以看看动画片或者找来安徒生的其他童话影像作品进行观看。

再如教学《千年梦圆在今朝》时，可以补充神舟五号发射时的情景和我国的航天成就等视频资料，让学生了解我国航天技术的伟大成就，体会到现代科学技术成就的取得要靠一代代科技工作者艰苦的工作和不懈的努力，激发热爱祖国的思想感情。

（4）实际生活资源

在学习三年级"习作：我的植物朋友"时，可以设计实践活动，引导学生结合种植经验编写介绍自己种植植物的解说词，并在交流会上展示自己的成果。也可以走出课堂去学校附近的种植园，让学生走进大自然，欣赏各种花盛开之景。在实地感受之后，再开展主题教学活动。这种方法将学生的解说经验与语言建构能力有效结合起来，把教学内容与实践活动紧密地联系起来，让学生有机会在课外学习语文，加深了学生的学习体会，提升了学生的创造力。

如四年级下册第五单元习作单元的教学重点就是体会文章是怎样按照一定顺序描写景物的，学会抓住重点景物描写。写作前将教材与本土语文课程资源相结合,可以组织学生到区域附近的古商城景点游览,先绘制旅游线路,再按照一定的游玩踪迹去写,最后选取合适的材料写一篇习作。

在收集本土资源的过程中,学生从课堂走向社会,去周村区古商城、烧饼博物馆等实地走访和体验,获取第一手资料。他们用眼睛去观察,用头脑去思考,用心灵去体验,在具体的实践活动中锻炼了信息处理能力,加深了对教材的理解,这些无疑都是收获和成长。

融合多方资源开展语文教学,是语文学科核心素养从理论走向实践的有效尝试,这一过程对培养学生的语文学科核心素养起到了积极的作用。在教学中,教师可以教材资源为依托,创造性地使用教材。大量补充合适的纸质文本资源、多媒体资源、网络资源、实际生活资源。让学生通过背诵、拓展、实践体验等活动感受语文的魅力,对语文学习有更深的了解和感受,以语文的眼光积累学习语文的经验,建构语文学习场。

3. 网络资源的引入和利用

21世纪,人类全面进入了信息时代、大知识时代。网络是丰富的信息库、巨大的资源宝库,我们的语文学习应充分利用网络,形成网络资源共享。传统的语文课堂教学没有条件把网络资源运用到课堂教学,即使有也是把信息的收集放在课后,学生自觉性低,信息收集的有效性不高。如今网络技术走进课堂,走入语文教学,我们有必要让网络技术与课堂语文教学融合。

（1）网络资料的引入

这是网络资源利用最常用的方法。语文教学中,教师经常要对教学内容做一些补充,例如,作家生平、作品背景的介绍以及教学内容涉及的众多相关资料。资料可以是文本资料,也可以是图片资料、声音资料、影视资料等,这些都可以通过网络来组织和呈现。如讲授《草船借箭》,分析周瑜时,教师用网络为学生提供相应的分析文章和评价意见;分析诸葛亮的性格特征时,又提供一组文章;同样,在分析作品语言和作品主题时,也都相应地提供一组文章。

（2）网络资源的链接

除了直接利用与课文内容密切相关的资料外,还可以通过网络来进行知识的拓展，这种拓展可以通过网络链接的方式来实现。如教学《纳米技术就在我们身边》时，除了借助课文内容了解纳米技术的含义、应用以及未来影响外，还可以通过网络链接，引导学生查找资料，更多地了解纳米技术的应用。

（3）网络对话

网络对话即通过网络进行交流，它可以通过多种形式来实现，如使用QQ、微信、钉钉等软件聊天，发电子邮件、登录论坛查看或是发表个人的意见，还可以通过视频窗口，实现面对面的交谈。在语文教学中运用到的网络对话，主要表现为以下形式。

师师之间的对话，表现为语文教师可在网上进行相互间的交流与合作。①交流语文教研活动信息，它反映的是各地开展的语文教研活动的消息。这些信息的价值在于激起语文教师的参与意识，为他们提供学习、考察的线索，帮助他们及时掌握各地语文教研的动向。②交流语文教学参考资料，就是教师教学中所需要的各种相关资料，包括课文分析资料、作者介绍、练习测试及参考答案、补充资料等；还有语文教学课件和课件素材。③互相交流教学经验，对某些教学问题的处理，每个人的做法不尽相同，交流各自的经验，能取长补短。④登录语文教育论坛，看一看行内和行外人士的文章或意见，语文教师可以在此发表对语文教育的观点和思想；此外，还有网上观摩课可供学习交流。

师生之间的对话，表现为学生可以通过网络实现与教师的交流，从而帮助自己解决问题。①师生之间可以通过网上聊天的方式来交谈，借以解决学生学习上遇到的一些即时问题，可以通过QQ、微信等发送即时消息，及时得到必要的帮助。特别是有些学生性格比较内向，面对教师会有紧张感，通过网络就可以舒缓这种压力，解决问题。②通过网络直播平台、钉钉、腾讯课堂等进行网上的课堂直播、学习辅导等。这种方式在一些特殊时期显出了特别大的作用，如2020年新冠疫情防控期间，一些学生被隔离了，老师就是通过网上授课、网上辅导等方式进行教学工作，做到了停课不停学，收到了很好的效果。③互相传送资料，为课堂教学内容做准备或做补充。网上资料相当丰富，有时候采用不同的路径会查到不同的资料，师生在网上互通有无，对教学资源的生成有很大的帮助。

（4）网络资源的处理和编辑

网络资源并不是拿来直接就可以用的，往往需要我们经过一些处理和编辑。这些方式也不是单一的，经过处理和编辑的网络资源具有使用方便、保存长久的特点。它可以让我们在使用这些网络资源时更得心应手，达到更好的效果。简单举例，一般来说，可以采用以下一些方法：建立网络资源库，分门别类地加以保存，这种方式在保存时比较方便，而且可以收录的资源范围较广；采用链接形式，把需要的资源直接链接在需要用的地方，这种方式针对性强，使用时较方便，但在保存时需要花些工夫；直接用文本形式保存，可把查找到的资源打印成文本，或取其全部，或剪切有用部分，装订成册，或是采用编辑为小报的形式，保存有用的文本，这种方式相对来说比较传统，但也比较稳妥，不易遗失。

4. 社会资源的挖掘和深化

苏霍姆林斯基说："课堂上最重要的教育目的，就在于去点燃孩子们渴望知识的火花。"当一种知识被强烈需要时，对它的学习兴趣就会变得格外浓厚。学生生活的周围环境是他学习语文知识丰富的土壤，教师可抓住这一点让教材再生，达到激发学生学习语文兴趣的目的。

（1）生活资源

我们生活的世界是五彩缤纷的，每天都会有不同的事情发生，关键在于有没有一双善于发现的眼睛。生活中的点点滴滴，看似平常，看似普通，但只要用心观察，都会散发珍珠般的光彩。例如，趁着学生闲暇，在校园、社区、村居、公园、商场等地转一转，引导他们去观察、去发现让他们印象深刻的人或事；再如，让学生仔细观察家人的日常生活习惯，起床、刷牙、洗脸、排队、吃饭……生活中的资源其实无所不在，关键在于我们是不是会发现、会把握，若是能好好利用，真是极好的资源。

（2）自然资源

大自然是神奇的，四季变换，斗转星移，它赐予人们很多美丽的景物和灵感，抓住自然界中美丽的景物，激发学生学习的灵感，也是语文教学中不可或缺的部分。教师可以采用多种方法来利用这个神奇的资源宝库，如春天到了，到外面走一走，看到了许多富有春的气息的景物，可以写写春天的花、春天的树、春天的草……这样就成了系列作文；可以引导学生选取一种事物，抓住它的某一个特点进行仔细观察，并做连续的记录，一篇篇生动有趣的观察日记就形成了。

5. 生成资源的发现和捕捉

这里所指的生成资源主要是针对课堂而言的。教师在进入课堂之前，事先一定是备了课、做了充分准备的，这种准备通常包括设定好教学内容、教学目标、教学思路以及准备好在教学中所需用到的系列资源，如课件、教具、书面练习等。这些都是教师预先设定好的，我们可以把这种行为称作资源的预设。但是，一个真实的课堂教学过程是师生及多种因素间动态的相互推进的过程。由于参与教育活动有诸多复杂的因素，因此教育过程的发展有多种可能性存在。教育过程的推进就是在多种可能性中做出选择，使新的状态不断生成，并影响下一步发展的过程。这就是课堂资源的生成。这种生成的资源，有些是有意生成，有些是突发生成，尽管方式不同，但是这些资源对于提高学生的学科素养都是极其宝贵的。教师可以故意安排一些出人意料的场面，让学生去思考、去讨论、去发现。如语文课上，教师可以故意迟到一次，引导学生去讨论、去猜想，把这个过程写下来，就是一篇很好的作文素材。课堂上经常会有一些出人意料的事发生，这些都是教师和学生事先所没有想到的。比如，老师正在上课，学生们也听得很认真，这时，一只小鸟飞进了教室，并且站在窗台上叽叽喳喳地鸣叫……教师要善于利用身边突发的生成资源，引导学生去观察、交流，给学生的作文拓展思路。

第 三 章

基于学科核心素养提升的
小学语文教学方法研究

　　著名教育家叶圣陶先生说过："教学有法，教无定法，贵在得法。"教学目标的实现，教学方法显得尤为重要。教学方法包括教师教的方法和学生学的方法，是教授方法和学习方法的统一。基于学科核心素养提升的小学语文教学改革，同样需要有效的教学方法，才能使课程目标得以实现，提升学生学科素养也才能成为现实。新课标中也提出：语文课程应激发和培育学生热爱祖国语文的思想感情，引导学生丰富语言积累，培养语感，发展思维，初步掌握学习语文的基本方法，养成良好的学习习惯。基于学科核心素养的小学语文教学方法研究，以现行课程标准为依据，融合学生发展核心素养的相关指标要求，探索课堂教学落实核心素养的一般方法，重点研究语文课堂教学中，教师教学流程和教学规律；以语文课堂教学为观察点，研究进行核心素养提升的课堂评价。

第一节　小学语文学科核心素养的
提升对教学方法的要求

　　小学阶段是学生良好的行为习惯、学习习惯以及健全人格形成的重要阶段，其在此阶段接受的语文教育关乎他们知识的掌握、能力的培养和品性的养成。作为教师，只有充分解读小学语文学科核心素养的内涵，对教学方法的运用进行深入了解，才能在此基础上重视教学方法的选用，通过教学方法的运用，促进语文核心素养的提升。

一、教学方法对小学语文学科核心素养提升的价值

1. 教学方法是提升核心素养的途径

　　核心素养的提出，标志着教育未来发展的新方向。学科核心素养的育人目标究竟该如何贯彻落实在小学生身上，毫无疑问，必须借助于教学方法的使用来实现其真正落地。通过小学语文教学方法的运用，力求让小学生在学习语文知识的同时获得听说读写能力、促进小学生思维的发展、培养小学生辨别美的能力、强化小学生文化传承的责任。因此，教学方法是落实小学语文学科核心素养提升的重要途径。

　　小学语文学科核心素养的提升，需要通过教学方法得到落实，也需要小学语文教师不断优化传统的教学方法，以适应小学生核心素养的提升。根据核心素养在小学语文教学中的具体体现，教学方法的选择应该侧重于小学生的实际需要，而不是只注重知识的需要，切实考虑通过教学方法的实施能够

培养出学生的哪些能力和态度，而不是一味地灌输学科知识。除此之外，需要注意的是，不是教师用固定的教学方法培育小学生的核心素养，而是要和小学生一起挖掘适合培育核心素养的教学方法，让小学生在此过程中感受到语文学习的乐趣，培养他们对语文学习的热爱。

2. 教学方法推动小学语文学科核心素养的提升

小学语文教材蕴含了丰富的资源，只有对其进行解读和挖掘，并通过适当的教学方法在教学中实施，才能在让学生掌握知识和提高能力的同时培养其健全的人格。因此，教学方法的改革，教师首先应明确核心素养在小学语文中的具体体现，接着要探索如何通过教学方法落实小学生语文核心素养的提升，最后将二者有机融合落到实处，才能促进学生核心素养的提升。在教学中，教学方法既要注重学生对知识的掌握和运用，又要注重发展学生的思维能力和良好习惯的培养，更要注重对学生进行美的教育和传统文化教育，教会学生学会生活、感受生活，促进学生情感的升华。总之，通过小学语文教学方法的运用能够进一步推动语文核心素养的提升，在教学方法的改进和实施中促进学科核心素养的落地。

二、小学语文学科核心素养的提升对教学方法的要求

学科核心素养的提升对教师的教和学生的学都提出了新的要求，因此，要探讨小学语文学科核心素养的提升对教学方法的要求，还是要对照小学语文学科核心素养的六个维度即语文习惯、语文积累、语文表达、思维发展、审美体验、文化传承来谈。

1. 语文习惯维度对教学方法的要求

小学阶段是学生习惯养成的重要阶段，对于学生的终身发展起着举足轻重的作用。语文习惯包括听说读写的习惯，而这些习惯的养成绝不是一蹴而就的，需要日积月累，需要在语文教学的全过程中去培养。因此对教学方法的要求也需要在教学过程中去渗透，而非作为知识和能力去讲授。

2. 语文积累、语文表达维度对教学方法的要求

语言文字承载着人与人之间的交流和信息的传播，小学生的听说读写能

力离不开语言文字的学习。而听说与读写能力主要是以语文积累和语文表达为主，是小学语文核心素养中最基础的维度，是其他素养发展的前提条件。语言文字有自身的特点和规律，小学生通过反复的学习和领悟，达到正确运用语言文字的目标，形成自己的表达技巧和独特的语言风格，在实际生活中用准确的语言表达出自己的想法。教师要将听说读写的学习放置在精心选择和设计的环境中，激发学生参与学习的内在需求，彰显语文的特质和学习的味道，让学生学有所得，学以致用。拾级而上，方能尽览无限风光，体验其中趣味。那么，语文教师应该对自身教学方法的采用有所思考，教学方法的采用需要注重学生对学习语文的情感态度，而不是传统意义上达到听说读写的目的。应该有针对性地发展小学生的语言学习能力和表达能力，小学生在教师的引领下有意识地发展自己的倾听、表达、阅读及写作能力。比如，谈话法的运用，教师要预先设定好谈话的中心主题及谈话层次，循序渐进、有目的地与学生进行交流，通过教师语言表达的严谨性启发学生表达的连贯性。

3. 思维发展维度对教学方法的要求

思维发展在小学生知识转化为能力的过程中有着举足轻重的地位，指导学生把知识应用于生活实践，用能力解决生活中的实际问题。学生从语文文本学习中接触到语言文字并学习其运用的规律，通过与文本对话、与自身对话，获得思维的发展以解决实际问题。同时，小学阶段的学生想象丰富、思维活跃，教师应抓住小学生的年龄特点因势利导，通过探究、启发等教学方法利用学生思维发展的关键期，激发其想象思维、创造性思维的发展，引导其主动参与学习、探究学习、发现学习，以此提高自己的思维品质，支撑长远发展。由此可见，为了发展小学生的思维，教学方法必须不断发挥其创造性，给学生创造自主学习的空间。

4. 审美体验维度对教学方法的要求

小学语文核心素养要求学生在语文学习中通过对文本的语言美、人物美及自然美的欣赏，掌握感受美与鉴赏美的方法，提高自身审美能力，形成正确、积极的审美观点。不论是唐诗宋词还是美文佳句，都是祖国绚丽的瑰宝、宝贵的精神财富。如何感受文章的美感，如何鉴赏人物的形象美，这些都离不开教学方法的运用。语文教师应引导小学生浅入深出地分析文本，教会小学生感受美与鉴赏美的方法，帮助小学生获得审美体验，如吟诵教学法，可以帮助学生在吟诵的过程中，用情感的饱满变化和声音的抑扬顿挫感受诗歌的语言美及其所展现的自然美或歌颂的人物美。综上所述，通过教学方法引导其树立积极向上的审美价值观，以此促进小学生语文核心素养的提升。

5. 文化传承维度对教学方法的要求

中华文化包含了人类进步文明和祖国的历史发展，是每一个中国人都需要充分了解的，我们应增强对祖国文化的认同感并自觉承担传承责任。小学阶段的学生在对文言文、古诗词、文学佳作等语文内容学习的过程中，通过阅读文本、感受字里行间蕴含的丰富文化，在此基础上增进对中华文化的理解，提高对其的认同感和传承的责任感。语文教师需要注意的是，文化的价值并不仅仅存在于文字表面，要带领学生深入文本挖掘其内涵，这就需要教学方法的支撑。巧妙设计教学方法，引导学生有层次地探究其深层含义，充分领略祖国文化的风采。以实践教学法为例，语文教师抓住一切传统节日开展文化活动，通过中心主题的设计启发学生自主寻找节日的由来、发展过程、习俗，促使学生在调查过程中感悟文化的博大精深，以此激发爱国情感。由此可知，语文教师对教学方法的运用要进行深入的思考和精心的设计，帮助学生充分体验文化内涵，才能支撑了解与传承文化这一维度的培养。

总之，语文教师需要把握小学语文核心素养的六个维度，正确理解小学语文教学方法对语文核心素养的践行价值，充分发挥其对小学语文核心素养的贯彻和推动作用。剖析语言文字的魅力，提高学生语言组织及表达的能力，锻炼学生的听说读写能力；遵从学生的课堂主体地位，激发学生的想象、给学生自主发挥创造性的空间，促进学生思维的发展；带领学生深入文本，挖掘其最真挚的情感，给学生人文美和自然美的感受，帮助学生获得感受美与鉴赏美的能力；抓住传统节日，因势利导展开文化实践，帮助小学生了解祖国传统文化，自愿传承文化。

第二节 小学语文教学方法提升学科核心素养的现状及策略

为深入了解当前小学语文教学方法，落实语文学科核心素养出现的问题，对部分小学语文教师进行访谈并观察其执教过程，从中获得了资料。通过对资料的整理分析发现，当前的语文课堂中，部分教师一味沿用传统的教学方法，或把新教法生搬硬套到课堂教学中，不利于小学语文学科核心素养的提升。从小学语文学科核心素养的角度出发客观分析教学方法存在的问题，并多角度剖析当前教学方法使用的现状及问题产生的原因，力求帮助课堂教学的发展迎来新的契机。

一、传统小学语文教学方法的特征与表现

1. 传统教学方法的目标以知识为主

传统的语文课堂中，教师往往出于对课时或其他因素的考虑侧重于对语文知识的讲解，忽视了小学生能力的发展。加之部分教师教学方法的不科学性，在灌输知识后要求小学生死记硬背，造成小学生长期处于高密度的学习状态，进而导致丧失学习兴趣。小学语文新课标指出，语文应注重知识与能力的双重发展。其实这种以知识为主的教学方法已不再适用于快速发展的新时代，新时代需要有能力、会实践的人才。教学方法的培养目标应从传授知识向培养能力转变，注重教学情境的创设，为小学生提供能学以致用、发挥能力的情境，而不是呆板僵化的语文课堂。

以观察某教师教学《小马过河》的片段为例。

教师："本节课的内容到这里便学习完了，下面我们一起来复习上节课学习的生字，看看你是否能够认出它们并正确地读出来。"

课件展示：棚、麦、驮、档、伯、浅、深、哩、试、蹚

（指名读、领读、齐读）

从教师的执教过程中截取对所学生字复习的片段。针对复习生字的教学方法形式多种多样，但在知识转化为能力方面，教师可以做得更好。结合本篇课文的课后要求得知，《小马过河》这篇课文需要小学生能够独立讲述。通过两节课的学习，教师完全可以借助生字的复习，鼓励小学生根据生字讲述课文，从片段讲述到尝试整篇讲述，在此过程中不仅锻炼了学生的语言组织能力和表达能力，还促进了小学生想象力的发挥。教学方法不应只是单纯地以知识传输为目标，更应注重小学生能力的提高。教师在小学生学习汉字后没有强调生字的运用或者对其运用没有给予足够的重视，皆易造成小学生认为学习汉字意义不大的假象。只有把教学方法的目标从知识转变为能力，才能调动小学生学习语文的兴趣，使小学生在掌握知识的基础上促进能力的发挥。

2. 传统教学方法的实施以讲授为主

小学语文文本是由生动丰富的语言文字构成的，同时小学生处于活泼好动的年龄阶段，教师过于单调的知识讲解只会让语文课堂显得枯燥乏味。众所周知，小学生学习最重要的是拥有质疑精神和独立思考的能力，虽然学校倡导学生自主思考的呼声很高，但在传统语文课堂教学中教师受传统教学观念的影响，依然经常采用以讲授为主的教学方法进行教学。也就是说，讲授法是使用次数最多的教学方法，也是最基本的教学方法。以讲授为主的传统教学方法注重对小学生基础知识的传授，但容易忽视学生的个体差异和学习的主动性，无意间疏忽了小学生思维的发展。

访谈内容：您是通过哪些教学方法提升学生的核心素养的？某教师谈到他使用讲授法培养小学生的语文核心素养，且使用次数较多。原因主要有三点：首先，小学阶段的学生年龄较小，知识基础薄弱，如果让他们进行自

主学习或是合作学习，效果并不理想，不如节约时间教师直接讲授，学生接受。其次，讲授法不受教学条件的限制，教学成本较低，通过教师口头传授一种形式便能轻松完成教学任务。最后，讲授法对其最大的好处是教师能够一直掌控课堂，能在较短的时间内向小学生传授较多的知识。

从上述访谈中得知讲授法本身没有错，它能帮助教师系统地讲解语文知识，教学效率较高，不受年级和学科的限制，同时选取讲授法提升小学生的语文核心素养也存在一定的使用价值。但教师长期使用讲授法进行教学，使小学生处于被动接受的状态，他们的思维慢慢被固化，一方面导致小学生养成惰性思维，在遇到问题时不再进行思考，而是直接找答案；另一方面则禁锢小学生想象力的发展。

小学生虽然年龄较小，但他们的思维正处于活跃阶段，通过教师的引导及自身的思考，他们能够做出正确的判断和解读。如果小学生长期处于枯燥的学习环境中，不用思考便能获取大量知识，他们就很难保持高涨的学习兴趣和好奇心，从而影响学习的参与度，压抑他们发挥自身的创造力，即使日后被重新塑造，思维的发挥也是一个漫长且艰难的过程。因此，以讲授为主的传统教学方法已经不能充分满足核心素养的提升，它使小学生长期处于被动学习的位置，不仅不利于师生和生生之间言语的交流，还阻碍了小学生思维的发展。

3. 传统教学方法的内容以教材为主

纵观小学语文课堂，传统的教学方法在本质上并没有得到改变，仍然以教材文本为选择依据，只是在表面联系生活。教学方法的使用考虑语文教材的思路是正确的，小学生通过对语文教材的学习，吸取知识、熏陶情感、获得自己的感悟。但知识取之于生活，自然要回归生活的运用。传统教学方法过分拘泥于对语文教材的考虑，与小学生的现实生活联系不紧密，甚至忽视对小学生实际生活的考虑，使小学生体会不到语文学习的重要性和价值，长此以往，小学生缺乏语文学习动机。

小学语文新课标指出，语文应注重与生活的结合，拓展语文学习和运用的领域。因此，以教材为主要设计内容的传统教学方法需要调整脚步，注重与实际生活的结合，以适应核心素养提升的要求。

以观察某教师对《小马过河》的教学片段作为解读。

教师："小马在过河时分别询问了老牛和小松鼠的意见，面对意见之间的巨大差异，小马无奈只得回家询问妈妈的意见。妈妈此时告诉了小马一个怎样的道理？小组交流，说说自己的看法。"

一组："在别人给出意见时，小马应该用脑袋想一想。"

二组："遇到事情自己应该勇敢地尝试。"

三组："做事情不能只听别人的意见，通过思考，自己也要有自己的主意。"

教师总结："在遇到自己不懂的事情时，可以虚心向别人请教，但需要注意的是，不能盲目听从别人的话，自己在心里要有所思考和主见，要三思而行。"

教师在本篇的课堂教学中采用小组合作的教学方法，通过学生语言的沟通和思维的碰撞，促使学生更加深刻地感受小马过河的道理。回归课堂观察，教师先使学生自己感受小马过河的道理，最后进行总结，这是一个由浅入深的思考过程。但这个过程可以升华一下，即通过小马过河联系小学生自己的生活实际，思考自己有没有遇到过此类事情或者假使以后遇到了会如何应对。教学方法不应只停留在课堂浅层或教材文本，更应深入挖掘，联系生活，促使小学生通过对知识的学习转化为自身成长的动力，这才是教学方法应有的姿态。

4. 传统教学方法的主体以教师为主

小学语文新课标的实施建议中提到，小学生在语文学习中处于主体地位，教师只是小学生学习活动的组织者和引导者。在传统的教学方法中，语文教师由于自身是教学方法的设计者和实施者，在此过程中很容易把教学方法的主体放错位置，过分注重对课堂教学的掌控程度，侧重自己在课堂上的分析和归纳，忽视了小学生的主体地位，没有让小学生独立思考、发现，不利于发挥小学生学习的主动性，故而使其丧失学习兴趣。

教师在课堂教学中起主导作用，值得注意的是，这并不意味着教学方法的主体就是教师，教学方法使用的目的是促进小学生对于知识的吸收、理解和运用，其作用发挥到何种程度，仍取决于小学生自身的主动性，教师只是小学生成长的引导者。传统教学中，教师很容易包管一切，但语文教师不能因教学方法需要发挥自身的主导作用就忽视学习者的主动性和主体地位。

访谈内容：在您的教学中，认为最困难的问题是什么？有两年教龄的某教师谈到自己在选择教学方法时由于自身教学能力和专业知识有限，将主体对象进行混淆，过分掌控课堂。

值得注意的是，教学方法的作用应该是扎扎实实有利于小学生的语文学习和成长，有利于核心素养的提升，而不是"假大空"，只注重形式的"热闹"，忽略了教育的本真，长此以往，学生只会变成教学方法演绎的主体性工具。核心素养的提升对教学方法的要求较高，这对小学语文教师来说是一个巨大的挑战，他们需要时间更新教学理念，需要时间加深对核心素养的理解，所以对教学方法优化改进以配合核心素养的提升是一个漫长探索的过程，在短时间内很难充分发挥教学方法的积极作用。如果教师把教学方法的主体放对位置，将对核心素养的提升起到巨大的推动作用。

二、传统教学方法提升小学语文核心素养的缺陷分析

1. 传统教学方法弱化语言建构，不利于学生听说读写能力的提升

语文核心素养的提升，首先离不开汉语言文字的学习。因为汉语言文字的掌握和运用是小学生生存的必备技能，通过对语言文字的学习，认识、了解并运用语言文字，通过文字表达自己的想法、与他人进行交流并能够书面表达，所以核心素养的提升的首要任务是注重小学生听说读写能力的提升。但在当下的语文课堂里，部分教师一味追求教学进度，忽视小学生知识积累的过程，过分注重学生考试能力，使得教学方法没有兼顾听、说、读、写四个方面。部分教师注重学生读和写的提升，忽视听和说的发展，这四种不同属性的能力既相互促进又相互制约，教师应该采用合适的教学方法把四者兼容并包。

小学语文课堂几乎一半的时间都被教师用来讲解，当小学生难以听懂

教师语言时，由于胆怯不能及时地表达，在纠结上一句话时，下一句话已经悄然而过，这样便会加剧小学生心中的迷惑，致使师生之间的问题增加，不仅耽误小学生的学业，而且降低了教师的教学效率。在课后，小学生与教师交流时也词不达意、表达不通，影响其说和写的发展。比如，在赏析古诗词时，教师为节省时间采用讲授法，直接带着答案分析语言，没有给学生预留吸收、内化的时间，不利于学生语言积累的运用，导致学生分析语言的能力偏低，限制语言表达能力的发展。

2. 传统教学方法缺乏思维训练，致使学生独立思考能力不强

新课标中指出，语文学科在发展小学生语言能力的同时促进其思维的发展。毋庸置疑，思维的训练是教学方法应该注重的一方面，教师需要考虑怎样把小学生思维的发展与教学方法的设计相互融合。小学语文课堂中存在的较普遍的问题便是教学方法的使用忽视学生思维的训练，学生只学到知识，却不会将知识转化为能力，培养语文核心素养便是无稽之谈。

以观察某教师执教《跳水》的部分片段为例。

教师：通过赏析下面的语句，请用一个词语表达"孩子"的心情。

（1）他脱了上衣，爬上桅杆去追猴子。（生气）

（2）他的手放开了绳子和桅杆，张开胳膊，摇摇晃晃地走上横木去取帽子。（气愤）

（3）孩子听到叫声往下一望，两条腿不由得发起抖来。（害怕）

通过这几个句子的描写，我们能够看出孩子由一开始的生气到最后的害怕，说明孩子的心情始终随着猴子的表现和船上人们的表现发生着变化。

从《跳水》这个教学片段中很容易看出教师在机械地履行教学参考书给出的教学建议，启发小学生的过程价值和作用并不明显，甚至会导致部分小学生失去回答问题的兴趣，因为问题设置得过于浅显。其实这样的文章，教师不能按部就班地教授课文，教学方法的选择需要注重培养小学生学会思考，注重小学生思维建构的过程。即使在其他语文课堂中，少数教师也运用提问法、讨论法促使学生进行言语交流以产生思维碰撞，但教师提问的问题或讨论的主题普遍存在无意义、难度过浅过深等现象，学生的思考程度不够深，教师对于学生的回答不进行分析和引导，只评判正确与否，稍后便匆匆总结或直接展示答案。长此以往，学生养成了处理问题只看表面的坏习惯，缺乏思考的意识，忽略本质内容，阻碍思维的发展。

3. 传统教学方法淡化情感培养，忽视了学生审美能力的激发

美育是语文教育的重要组成部分，小学语文文本包含人物美、形象美、自然美、意境美等，学生只有先认识、了解美，才能鉴赏美、创造美。但小学语文教学中美育的培养并不乐观，大部分学校仍以学生的考试分数作为评判教师教学质量的标准，因此教师的教学方法并不注重小学生审美能力的培养。比如，大部分小学生都认为散文是很美的，却说不出美的部分具体体现在哪里，不知如何分析，缺乏鉴赏的方法和思路，只会照搬教师的讲解，没有自己独特的审美体验和感受。

以观察某教师对朱自清的《匆匆》这篇散文的教学片段为例。

教师："接下来三人为一小组讨论《匆匆》这篇散文抒发了作者什么样的思想感情？

（三人一组合作讨论2分钟）

一组："我们组讨论的结果是这篇散文写出了作者对时间流逝的惋惜之情。"

二组："我们组和一组差不多，我们认为作者把对时间流逝的无奈寄托于这篇课文的字里行间。"

教师（总结）："通过本节课的学习，我们清楚地感受到这篇散文流露出作者对时光流逝感到无奈和惋惜。"

这段教学是在本节课学习的基础上总结作者的思想感情，但谈论法的运用并不适合此处。教师在使用教学方法时没有注重对学生感受美与鉴赏美的培养，而是总结了作者的思想感情后就结束课堂。其实在《匆匆》这篇散文中，作者把自己丰富的思想感情寄托于字里行间，整齐的句式结构让人感受到文章的协调和韵律的美丽，这才是教学的重点，而读书指导法相比讨论法更能激发学生对文章语言美和情感美的感悟。

4. 传统教学方法缺乏内涵挖掘，淡化学生对文化传承的责任

作为新时代的小学语文教师，应承担起传播中华文化的重任，灵活运用教学方法培养学生文化传承的责任感和使命感，但多数教师没有落实的意识和行为。在课堂教学中，部分教师把自身对于文化的片面理解和感受讲授给学生，使学生总是处于被动地位，忽视了学生对于文化传承的主动性。

以观察某老师对李白的诗《望庐山瀑布》的执教片段为例。

教师："'遥看瀑布挂前川''疑是银河落九天'这两句话中的'挂'和'落'字用得好吗？好在哪里？不好在哪里？"

学生1："这两个字用夸张的手法写出了瀑布的气势。"

学生2："我认为这两个字用得不好，不贴合实际，因为瀑布不能被挂住。"

学生3："我跟××的看法是一样的！"

学生4："李白的诗向来比较不拘小节，豪放，这两个字用得非常巧妙！"

教师（总结）："通过'挂'和'落'字，生动形象地写出了瀑布的磅礴。"

教师采用问题设置法引导学生思考并最后总结。问题设置法本身并没有错，但不适合此处教学。这两个字是诗篇的精华所在，也是作者感情的寄托。教师应对"瀑布"和"银河"进行适当的讲解，在此基础上提示"挂"和"落"字运用的寓意，而不是直接总结出这两个字的作用，最后只会导致学生机械地记忆，领略不到语言文字的巧妙所在。语文教学是文化传承的重要方式，教师只停留在语言文字的表层解读，学生自然感受不到其中的深刻韵味，再加上小学生的文化理解能力有限，阅读量少，在语文学习中感受不到文化的熏陶，故而造成对文化传承的不重视。

三、传统教学方法不利于提升学生核心素养的原因分析

1. 教师的教学理念陈旧

当下的小学语文课堂中，教师之所以把教学方法的使用重点落在小学生知识的传授而不是能力的培养，结果的达成而不是过程的发生，究其原因，不外乎是教师的教学理念传统落后，教学方法机械僵硬。即使他们的教学实践经验非常丰富，但其教学方法与新时代的教育理念格格不入，甚至连教学方法的基本属性都不清楚。

访谈内容：传统小学语文教学方法中存在哪些问题？某教师谈到四点：一是课堂提问不当，难易无度，不能够把握合作的时间；二是课堂教学形式化；三是课堂中过分的激励与表扬；四是提问的内容缺乏启发性。

从上述访谈中发现，暂且不提这些问题存在的真实性，教师明显是答非所问，这足以说明少数教师把教学和教学方法混为一谈。他们受困于传统的教学理念，缺乏时代观念，缺乏在教学方法中落实语文核心素养的观念。例如，个别教师仍将"灌输式""填鸭式"的教学方式当成课堂教学的主要手段，教师既是主导又是主体；有的教师盲目地使用现代化的教学手段而不考虑教学内容的实际需要和学生的接受能力，课堂看似活跃，实际上对学生素养的培养帮助并不大；有的教师虽然在教学方法上有所创新，但又担心影响学生的考试成绩和学校的考核压力，畏手畏脚，从而打击了自身的积极性。随着时代的发展，学生的学识与眼光在一定程度上都有所提高，教师陈旧的教学方法理念、传统的运用方式导致学生认为学习是枯燥乏味的，远不如自己在网络等其他学习渠道新颖便捷。由此可见，教师教学方法理念的传统和落后严重影响着语文核心素养的落地。正确的认识才能指导实践，教师只有先改变自身的教育理念，才有可能改变教学方法的运用。

2. 教师对语文学科核心素养的理解程度不足

小学教师是学生语文核心素养的提升者，作为教学方法的实施者，前提和基础便是全面理解语文核心素养的内涵。只有当教师真正理解其内涵和培养要求时，才有可能汲取教学建议，进而将新的教学方法融进小学语文核心

素养教学中。但通过访谈调查发现，大部分教师对于语文核心素养仅仅止步于听说，以时间少、工作量大等为借口，并没有深入了解语文核心素养的内涵，故而造成自身对语文核心素养的认知程度不足，培养意识不强。

访谈内容：您认为小学语文主要提升学生哪些素养？有三年教龄的某教师谈到，阅读、习作、口语交际的能力和语文积累、学习方法与习惯等。拥有十二年教龄的某教师认为，小学语文核心素养无非还是老一套，小学生的识字写字能力、阅读能力、写作能力、口语交际能力等。

一定储量的理论知识才能指导教学实践，两位教师明显对小学语文核心素养的理解程度不足，导致他们在选择教学方法时造成实践与理论相脱节。目前小学语文教师选择的教学方法多为讲授法，以学生的知识储量为起点，以学生的考试能力为目标，忽视语文核心素养的融合。随着学生年龄的增长，他们的能力不断提高，学生自身渴求新知识的浇灌，新颖教学方法的引导。虽然部分教师适时地调整了自己的教学方法，但仍受制于传统的教学理念，缺乏远见及使命感，导致在教学方法中忽略语文核心素养的设计。教师对语文核心素养的怠慢或消极，只会导致学生无法体会学习与成长的乐趣，长此以往，成为知识的奴隶，考试的机器。

3. 教师个人专业知识及专业能力有限

随着语文核心素养教育理念的呼声不断高涨，新时代对于语文教师的要求越来越高。少部分教师已经意识到语文核心素养培养的重要性，但迫于自身的教学能力有限，面对众多教学方法无从下手，不清楚哪些教学方法有利于语文核心素养的培养，迫不得已继续采用陈旧的教学方法进行教学，最终导致教学方法与教学目标相脱离。

访谈内容：在您的教学中，认为最困难的是什么？某教师感慨，她自身也明白语文核心素养对于当前小学生发展的重要性，也熟知一些教学方法的运用，但如果把二者相结合，她绞尽脑汁也无法进行良好的匹配。因为学校没有进行相关理论的培训，自己收集的资料无法验证其价值性，且小学生是成长中的个体，需要教师随时转变教学方法，种种困难集结在一起，有些教师不得不放弃这一新的教学目标的贯彻和落实。

从上述访谈中得知，教师对教学方法及目标都有一定程度的认知，却无法付诸教学实践。不难发现，教师自身的教学能力及专业素养是其问题存在的根本原因。由于教师自身专业知识储备不足，不能及时让新的教学目标落实，导致教学质量低，自己也被困于其中。身为新时代的小学语文教师，必须努力提高自身的专业知识及教学能力，通过文献资料、专家讲座、培训实践等渠道不断丰富自己，树立远大的理想和长远目标，为祖国未来的教育发展考虑，提高运用教学方法落实语文核心素养的能力，为小学生的全面发展做好表率。

综上所述，从语文核心素养的角度出发结合教学案例及访谈记录，在分析小学语文教学方法落实语文核心素养存在问题的基础上归纳出三种原因：教师教学方法的理念陈旧、对语文核心素养的认知程度不足、自身的专业知识及能力有限。虽然可供教师选择的教学方法多种多样，但教学方法的选择需要融合学生特点、贴合文本实际，这样才有利于提升学生的语文核心素养。

四、基于核心素养提升的小学语文教学方法的改进策略

1. 强化品读表达，提升学生语文积累和语文表达素养

当前我国提出的语文核心素养的提升，首先注重小学生对于语言知识在情境中的学习与运用。语文教师需要采取以语言传递为主的教学方法，帮助小学生进行语言实践经验的积累。教师选择教学方法时应有意识地为小学生创设听说读写的氛围，通过读书指导法和讲授法等为学生创造吸收语言、感受语言的机会，通过讨论法和谈话法等为学生创造语言表达的条件。

（1）故事教学法，激发表达欲望

统编版语文教材的编排更注重图画、色彩、主题学习对于小学生的教育作用，再加上教学方法的适用性原则以及小学生的年龄特点及认知规律，语文教师可以采用故事教学法进行教学。故事教学法运用的前提便是教师需要创设轻松愉快的学习氛围，促使小学生快速融入课堂，锻炼其语言组织能力和表达能力。

　　小学低段的学生由于自身年龄特点，故事教学法能够贴合他们的实际情况，无疑能够优化教学效果。因此，故事教学法的运用可以成功有效地锻炼小学生的聆听，培养其语言表达能力。

　　以某教师的口语交际课为例。

　　教师：今天我们要进行的口语交际是看图讲故事，这几幅图是德国著名的漫画家埃·奥·卜劳恩先生的作品——《父与子》的片段，请同学们先仔细观察每幅图，了解每一幅图讲了什么事，然后把这几幅图的内容相连接，讲一讲这个有趣的小故事。

　　在仔细思考后，把你编的小故事说给同桌听。

　　故事一般包括开头、经过和结尾。这个故事有了开头和经过，但是结尾没有告诉我们，那么就请小朋友们展开想象的翅膀，帮助埃·奥·卜劳恩先生一起把最后一幅图补充完整吧！下面我们就采用书上的开头和经过，最后会发生什么有趣的故事呢？小朋友们自己编故事吧。编故事的要求是：要包含时间、地点、人物、在做什么、结果怎样。开动脑筋想一想，图画的内容就是你要跟同学们分享的故事。

　　这节口语交际课，教师根据学生身心特点运用了故事教学法，激发小学生的好奇心。小学生一旦对学习发生兴趣，就会立刻投入其中，小学生在思考用餐时父亲叫儿子吃饭，父亲却不见了的过程中发挥自身的想象力，学生之间相互分享自己的想法，既锻炼了听说能力，又促进了学生想象力的发展。

　　（2）读书指导法，感受语言魅力

　　小学语文教师通过读书指导法教小学生读书，应该从读通、读顺课文内容开始，在此基础上再追求读好、读懂。因为教学方法讲究适用性原则，语文教师在使用读书指导法时，应有意识地注意范读时语言的清晰、准确、流畅，语调的高低、速度及抑扬顿挫，提高语言的感染力。学生在听教师范读时，不仅要集中注意力，还要对听的内容有所理解、模仿、感受和联想，在此基础上练习自己的读。在学生学习读法、尝试读及熟练读，到最后有感情地读，读的时候要求教师要有敏锐的观察力和指导能力，对学生阅读技巧的把握，对感情拿捏的程度。在读的过程中让小学生感受读的方法和读的态度，在读书中潜移默化地学习语言组织的方法，获得语感。小学生在长期听和读的学习中，慢慢积累想要表达的欲望，通过语言建构、组织，由在教师的引导下表达出自己的想法到完全自主表达自己的想法，发展小学生的听说读写能力，培养小学生的语文核心素养。

比如《桥》这篇课文言简意赅，结尾却韵味深长。文中以山洪的汹涌和无情与老汉的镇定和大公无私的精神形成鲜明的对比，因此教师在全篇的范读中应注意环境恶劣和老汉镇定的态度的语气变化与对比，读环境描写时语气应该急一些、快一些，而对于描写老汉的语句，读的语气应该更坚定。在课文的最后，作者并没有直接写出老汉和小伙子的身份，而是以老太太的出现为结尾，因此，针对这部分的范读需要教师语调放缓，顺时沉下，教师范读的声调、语速是学生再次感受文本的有力武器，只有引导小学生随着教师的语调把自己融入课文内容，才能让学生感受语言文字的魅力，读出文章的情味。

（3）情境教学法，提升书面表达能力

语文是一门实践性较强的学科，小学生的听、说、读、写除了积累外，还有实际运用。也就是说，学生除了口头表达以外，还要学会书面表达。书面表达能力不仅注重小学生书写的姿势和习惯、写字的态度和规范，还注重学生写作的流畅和语言组织的逻辑性。以往的写作教学不注重情境的创设，导致写作训练枯燥无趣，不能吸引小学生的注意力，小学生对写作也没有兴趣。因此，教师应注重情境教学法的运用，帮助小学生在课堂氛围中产生写作的欲望，以课文为载体，从文本内容的角度出发，设计与之相关的写作练习。

比如文言文《杨氏之子》的教学，为了巩固内容的掌握，教师可以要求学生为《杨氏之子》写一个剧本，这便是教学方法灵活性原则的体现。在学生练习写作之前，教师利用多媒体视频创设情境，通过视频的观看调动学生写作兴趣，激发写作欲望。小学生根据书写的需要，调动自己的语言积累，组织逻辑思维以配合写作训练。教师以学生写得清楚、规范、生动为标准，检查其思想是否能够表达准确，并合乎语言环境。

2. 发展想象创造，提升学生思维发展素养

语言是思维的外衣，思维是语言的调配器，没有思维的调动，语言则是毫无意义的符号。语文核心素养提出发展学生的思维，必然要先打破语言的牢笼。从注重教师的"教"向注重学生的"学"转变，把课堂主体地位还给学生，通过学生言语的运用产生思维的碰撞，充分调动学生学习的自主性和主动性。探究和启发等教学方法适用于这一维度的培养，在遵循教学方法主体性原则的基础上充分融合学生的思维发展理念，以提升学生的思维能力为最终目的。

（1）运用启发式教学法，引导学生思考

小学生在语文知识的学习和语言运用的过程中形成语文思维，语文思维的发展影响语文学习成效的高低。因此，教师在选用教学方法时应注重引导学生思考，而不是盲目地追求标准答案。启发式教学法能够帮助小学生在学习和实践的过程中逐步形成敏锐性、深刻性等思维品质，适合语文核心素养的提升。

启发式教学法是指教师根据教学内容和学生的实际，引导学生分析问题、解决问题，从而获取知识，促进思维的发展。启发式教学法的运用需要教师提前做好教学准备，充分了解小学生的学习情况。教师只有循循善诱，由浅入深，把问题和教学内容紧密联系，激发学习潜能，帮助学生获得思维品质的提升，使思维发展散发新的生机活力。

通过下面某教师的教学片段进行说明。

在《小英雄雨来》课堂教学中，大部分学生出现疑问：课文着重描写了雨来妈妈追赶调皮的雨来，对雨来被鬼子抓住的情节却描写较少，这是为什么？

教师随之进行启发："雨来面对鬼子的威胁、迫害，他是怎么逃脱的？"

学生回答："雨来非常聪明，他跑到水里藏了起来。"

教师再次启发："为了表明雨来的聪明机智和较高的游泳本领，作者在课文的前半部分提前描写出来，这起到了什么作用？"学生合作交流，仔细分析，得出：前面的描写为后面雨来的机智果敢做铺垫。

通过对上述内容综合分析，教师在此教学过程中运用了启发式教学法，首先肯定学生提出问题的价值，接着创设情境，积极引导学生朝一定方向思考，切合学生的认知特点，就问题展开讨论，在交流中发生思维碰撞，产生新的想法，培养小学生的创造性思维。在课堂教学中，语文教师需要给予小学生充分的时间和空间勇敢地表达自己的疑问与想法，这些闪光点比任何教学预设都更有利于培养小学生学习的态度和方法，了解了前文铺设的作用，从另一个角度来说，对小学生的习作水平起促进作用，提升他们写作的逻辑思维能力。

（2）运用探究式教学法，鼓励思维发展

在小学阶段，语文教师应该重视对于探究式教学方法的使用思维品质培养，鼓励是思维发展的有效教学方法之一。探究式教学法，通过教师在课堂教学中创设情境，激发小学生的好奇心，鼓励他们进行自主探究，真正充分给予小学生自主合作探究的学习时间和空间，最后总结自己的学习成果并互相交流和分享。教师在教学过程中应该及时地发现问题并进行一定的引导，及时发现并调整学生在探究过程中出现的问题，调动学生探究的积极性，重视他们对于探究结果的分享及交流，在交流中进行思维的碰撞，从而实现思维的发展。

探究式教学法适合于文本类教学，拿说明文的教学来举例。小学阶段的语文课本中说明文的选编大都是通俗易懂的，因此，这一类的文章，语文教师可以让学生进行自主探究的学习，让学生充分发挥自己的光彩。

以某教师《只有一个地球》的教学片段进行说明。

教师："文中写道：'地球太可爱了，同时又太容易破碎了。'你是如何理解这句话的，它是否前后矛盾？请你独立从课文中寻找答案。"

学生1："我们小组认为这句话不矛盾。地球的确是可爱的，因为她是一个晶莹透亮的球体，蓝色和白色相互交错，仿佛一位仙子穿着纱衣漫步在太空中。但地球上的资源是有限的，人们乱砍滥伐使得地球的生命快速缩短，造成一系列生态灾害，因此地球又是容易破碎的。"

教师："回答得真棒！首先总括出自己的观点，然后对自己的观点进行解释。我们以后也要按这种思路回答问题，先点明自己的观点，再解释原因。这样才能让别人非常清楚地了解你想要表达的意思。还有其他同学想说吗？"

学生2："我认为这句话不矛盾，首先，这句话先形象概括出地球的特征；其次，突出地球人类不合理的活动给地球带来了非常严重的威胁。最后，'同时'这个词语形象地表达出地球虽然生动可爱但也面临着威胁，这样能够引起大家的警觉，呼吁大家保护地球。"

教师："看来你有一双善于观察和分析的眼睛，注意到了'同时'这个词语。逻辑思维非常强，回答的问题都有顺序了。老师看到还有很多同学跃跃欲试，现在请你们四人一组相互交流对这句话的理解，注意说话的逻辑。"

（小组分享3分钟）

从上述片段中得知，教师讲解的这句话是课文的教学重点也是教学难点，该教师采用探究法进行突破，引导学生结合课文理解句子，先请学生独立思考，但部分学生独立学习或许有难度，因此再倡导合作学习，集体探究产生思维的碰撞，用集体的智慧解决问题。同时，该教师针对学生说话的思维品质用恰当的评价语言给予反应，这能给予学生莫大的鼓励，这正是核心素养提升目标下教学方法应有的常态。

3. 促进情感陶冶，提升学生审美体验素养

语文文本蕴含着丰富的"美"的文化，教师需要通过教学方法的灵活设计引导小学生感受并体会其中的美。语文知识固然重要，但通过语文知识的学习感受作家的情感和胸怀对小学生来说具有重要意义，有感受才有体验，有体验才有升华，在此过程中陶冶自己的情操。换句话说，教学方法的灵活设计对提升小学生感受美与鉴赏美这一素养起着关键性作用，语文教师应该遵循教学方法的多样性原则，多角度引领小学生学习文学作品，使他们获得审美体验，学习审美的方法，不断陶冶审美情操，净化自己的心灵。

（1）运用语境分析法，培养审美情操

文章是文字汇集的精华，离开了文字，文章便不复存在。选编进小学语文课本的文章更是经典文学的典范，通过作者逐字逐句地分析比较，才产生了一部部汇集心血、文质兼美的作品。因此，教师应在教学中注重语境分析法的运用，带领学生细细品味文章的语言文字美，提高学生感受美的能力。

以某教师教学《荷花》片段为例。

"白荷花在这些大圆盘之间冒出来。"

教师："请同学们反复品味'冒'字的用法，你认为作者在这里用这个'冒'字有什么好处？"

（小学生交流，教师对小学生的想法进行评析）

教师（总结）："'冒'这个字的运用让我们真实感受到了荷花生长速度之快。你认为还有哪些字也可以替代'冒'字运用到文章之中？"

学生："我认为'钻'字也可以放在这里。"

（小学生积极踊跃发言）

从上述教学片段中可以看出，教师根据课文的内容灵活运用语境分析法进行教学。通过"冒"字引导学生感受荷花灵动的生长姿态，体味语言的凝练美。语言足以打动人的内心，语言的准确、简洁让学生体悟到美的存在，使荷花的形象仿佛就盛开在眼前，这是语言所饱含的形象美。学生在感受荷花形象美的过程中提出自己对"冒"字更换的建议，在感受语言凝练美、鉴赏荷花形象美的基础上创造属于自己的意境美。

（2）运用文本表演法，激发情感体验

语文教师在教学时要尊重小学生的主体地位，注重小学生的情感体验及其对文学作品具备一定的理解程度和欣赏能力。"教育即唤醒"，教师只有在唤醒小学生心灵的基础上，引导小学生深入文本，促使小学生带着对感情的执着走进美好的语文世界。因此，语文教师遵循教学方法的灵活性和适用性原则选择文本表演法在此时可以发挥最大功效。以文本内容或人物对话为表演内容，发挥小学生的主体作用，辅助他们在理解文本语言、探究文本写作背景，在此基础上把自己对文本内容的理解演绎出来，这无疑能够很好地帮助小学生理解教材，生动活泼地掌握知识，并使他们的心理机能得到发展，激发小学生的情感，使其审美鉴赏与创造能力得到提升。

如《陶罐和铁罐》一课的讲解，语文教师可以让小学生在理解课文内容、感受陶罐和铁罐的变化后，分组扮演相关角色，引导小学生进行情景再现，以能够生动表现出文中的语言为标准。小学生的多种感官参与其中，伴随着他们能够更好地理解课文内容和体验丰富的思想感情，体会文中陶罐的心灵美。文本表演法使小学生在表演活动中把课文内容理解得清晰透彻，全面感受文章中人物形象蕴含的美感、鉴赏文章所要表达的主旨，以此促进自身的成长。

4. 开展文化活动，提升学生文化传承素养

小学语文学科核心素养还有最重要的一个部分，即文化传承。中华优秀传统文化是中华民族的凝聚力，具有语言和审美魅力的同时拥有丰富的文化与精神感染力。教学方法的选择应遵循主体性原则，注重小学生对先辈们智慧和文人精神的学习，培养学生了解与传承文化的能力。比如实践教学法，教师促使学生主动参与文化传承活动，通过亲身体验，感受中华文化的魅力所在，激发其传承祖国文化的使命感。

以某教师综合性学习《清明节的由来和习俗》的课堂实录片段为例。

活动一：了解清明节的节日由来和习俗

（播放视频，学生从中获取信息）

教师："同学们，大家知道今天是什么节日吗？"

全班学生齐答："清明节！"

教师："那么同学们知道清明节通常要做什么吗？谁来说一说？"

学生1："清明节这天要给去世的亲人扫墓。"

学生2："我们家清明节的时候全家人出去踏青。"

学生3："清明节要给牺牲的战士们敬献鲜花。"

教师："看来同学们对清明节都有自己一定的了解，那么老师来向大家简单介绍一下清明节的由来……"因此，我们要在这天为先烈扫墓，是先烈用生命换来了我们和平的生活。我们要把清明节为亲人和烈士扫墓的习俗传承下去，纪念祖先，纪念先烈。

活动二：熟悉流程，学生初步感受文化

教师："怎样为去世的亲人和先烈扫墓呢？"

生自由回答："敬献鲜花、行少先队礼，以表示想念之情……"

教师："同学们知道为什么要这么做吗？"

学生1："因为坟墓是先烈和去世的亲人的另一个家。"

学生2："即使他们不能陪伴在我们身旁，但他们的精神依然鼓舞着我们。所以我们要为他们敬献花篮、行少先队礼，以表示想念。"

教师："在扫墓时还要注意什么？

学生3："扫墓时要严肃认真，不能嬉笑打闹。"

活动三：实地祭拜，培养学生传承意识

清明节是纪念去世的亲人的节日，不妨通过此节日选择实践教学法进行文化渗透，充分体现教学方法的主体性和适用性原则。先在课堂中做背景铺垫，让小学生对清明节的由来和习俗初步有所了解，随后进行实地感受。为何小学生一直认为传统文化离自己很远，甚至有小学生认为传统文化的好处就是能够放假。只在课堂中传输文化很难让小学生对其亲近，不妨使用实践教学方法，引领学生进入实践，近距离感受文化的传承和发展，体验文化的丰富和深厚，激发小学生学习文化的兴趣，让小学生在接受现代教育的同时感受中华传统文化。只有小学生不断主动地接受优秀文化的洗礼和熏陶，才能促使其提高自己传承文化的能力，有利于语文核心素养的培养。

第三节　小学语文学科核心素养提升的课堂教学方法建议

课堂教学是实施素质教育的主渠道和主阵地，同样，提升小学语文学科核心素养的关键也是课堂教学方法的改革。

一、指向学生语文学科核心素养提升的课堂教学的基本原则

语文素养的培养已占据语文教育教学中核心的位置，这就要求教师在课堂教学的过程中，要采用科学的途径和有效的方法及措施，遵循以下教学原则。

1. 以生为本原则

以学生的发展为本是新课标的核心理念，学生是语文学习的主体，要加强学生读书、习作、口语交际、收集处理信息等语文实践，让学生在语文实践中学习语文，学会学习。教师是学习活动的组织者和引导者，要激发学生的学习兴趣，培养学生自主学习的意识和习惯，引导学生掌握语文学习的方法。通过平等对话，发挥教师和学生的主动性、积极性与创造性，实现师生之间、生生之间的有效互动，进而提高学生的语文素质和人文素养。

2. 情境教学法原则

在教学过程中，教师要有目的地引入或创设具有一定情绪色彩、以形象为主体的生动、具体的场景，以引起学生一定的体验，从而帮助学生理解教材，并使学生的语文核心素养潜移默化地得到发展。

3. 自主性原则

坚持先学后教，以学定教的原则，注重学生自学能力的培养，重视学生自主学习，实现教学内容上以学定教，教学过程上先学后教，教学要求上多学少教，教学评价上以学论教。学生的任务是通过教师的巧妙引导，促进主动学习，从而在自主合作探究的学习过程中提升语文核心素养。

二、指向学生语文学科核心素养提升的小学语文课堂教学的基本流程

基于学生核心素养的小学语文课堂教学基本流程以"指导自学，收集整理——导入新课，交流反馈——自主研学，合作交流——重点探究，研读提升——学用结合，拓展延伸"为主。

1. 指导自学，收集整理

本环节教师通过设计自主学习单或布置前置性自学任务，引导学生进行课前自主学习，或收集整理与学习内容有关的资料素材。根据年级的不同，课型的不同，教学内容的不同，教师可以灵活设计课前自学内容，但是目的都是指向学生的自主学习，为接下来的学习做好知识或素材上的准备。在这一环节中培养了学生主动识字、主动阅读、主动思考的习惯。同时，通过课前对资料的收集、分析、整理，也让学生的思维得到了发展。

2. 导入新课，交流反馈

导入新课意在激发学生的学习兴趣，进入学习情境。通过交流反馈，教师了解学生的学情，找到教学的起点，从而以学定教。

导入新课的方法很多，如故事导入法、谜语导入法、预习导入法（借助自主学习单）、歌曲导入法、画面导入法、游戏导入法、疑问导入法等。这些导入方法注意要和教学内容密切相关，对教学内容有一种铺垫和衬托，能够调动学生学习的积极性，让学生对接下来的学习充满兴趣与期待。也可以直接导入新课，即开门见山直接明确学习的内容，板书课题，提出学习要求，学习新课。在这一环节中，学生的倾听习惯得到培养，学生通过观察、想象、联想等活动使思维得到了发展。

导入新课后要对学生课前的自学情况或对所需资料的收集整理情况进行交流反馈,教师通过学生的交流反馈了解学生的学习基础,引导学生对所学内容形成整体感知。在这个环节中,教师要掌控学情,找到教学的起点,从而做到以学定教。在这个过程中,可以锻炼学生的概括能力、口语表达能力,使学生养成良好的表达和倾听习惯。不同的课型,这一环节的具体内容也不一样,教师应根据课型与教学内容的需要来具体设计。

3. 自主研学,合作交流

在这个环节中,教师要紧扣学生自学中感到困惑的问题进行梳理归纳,构建深入学习的话题,引导学生深入理解文本,丰富语言积累,培养语感,发展思维,掌握语言规律,学习并运用语言文字,实现工具性与人文性的统一。学生通过圈、点、勾、画、写等学习活动,读思结合,自主研学,获得初步的学习体验与收获。在此基础上,开展同桌、小组或全班的合作交流活动。通过合作讨论交流,进一步梳理和优化自己的学习收获。在这一过程中培养了学生良好的倾听习惯和口语表达习惯,让学生学会合作。教师也可在这个过程中引导学生对于不同的理解和想法进行对比、分析,锻炼学生的思辨能力,发展学生的逻辑思维。同时要注意引导学生对于学习材料所蕴含的情感进行感悟,丰富学生的审美体验。

4. 重点探究,研读提升

有些教学内容中的重点、难点需要教师引导学生进行重点探究,让学生掌握学习方法,学会必要的知识,从而提升学生的学习能力,提升学生的学科核心素养。研读提升要体现师生合作,针对语文学习内容的重难点、学生的兴趣点与疑点进行。在这个环节中,教师要针对具体的教学内容选择合适的教学策略,如讲解、朗读、对比、情境创设、文本重组、设疑、表演……对于学生的困惑点相机点拨、指导。在这个过程中,发展学生思维,增强学生的语文积累,丰富学生的审美体验,培养学生的表达能力,传承优秀的文化。教师要注重课堂的生成,对于学生的理解和表达做好补充、更正、点评、归纳和总结,促进学生整体语文素养的提升。

5. 学用结合，拓展延伸

要想使学生所学的语文知识转化成语文能力并形成语文素养，就必须进行及时的、适合的语言实践活动，通过在语言实践活动中的反复运用，使学生不断将所学的知识灵活地根据不同情境进行迁移，在运用过程中不断内化，与原有知识相互融合，融入学生的语言系统中，从而形成学生的语文素养。在本环节中，教师要根据本单元的语文要素，确定训练重点，深入挖掘教材，充分利用文本资源对学生进行语言训练；可以拓展文外资源，选择适合的文本材料进行训练；也可以创设情境进行语言训练。学生在实践的过程中，根据情境综合分析、迁移运用所学的知识，在运用的过程中促进学生语文核心素养的落地，将学习拓展延伸到课外。

三、指向学生语文学科核心素养提升的小学语文常见的几种课型的基本教学流程

以小学语文常见的课型识字教学课、阅读教学课、习作教学课、口语交际课为例，进一步探索梳理这几种课型的基本的教学方法与教学流程，供教师参考借鉴。

1. 识字课教学基本流程

（1）导入新课，交流反馈

① 开门见山式导入。如学识字课《人之初》，迅速导入课题，认真板书课题，课题中包含生字"之"，提醒学生仔细观察，跟着老师书空，并想办法记忆字形。

② 谜语导入法。如识字《小青蛙》，上课伊始猜谜语："一位游泳家，说话呱呱呱，小时有尾没有脚，大时有脚没尾巴。"

③ 谈话导入。如识字课《操场上》，上课前交流："在学校里，你觉得哪里是锻炼身体的好地方呢？"（出示词语"操场"，指名让学生读）

通过这些不同的导入方式，培养学生的倾听习惯，发展观察、想象、联想等思维活动。

（2）指导自学

叶圣陶说过："诵读全文，才知道文章大概；可是要能够通读下去没有错误，非先把每一个生字生语弄清楚不可。"低年级识字教学，弄清每一个生字对以后的阅读学习是至关重要的第一步。

要引导低年级学生在课堂上预习识字文，指导他们自读课文，圈出生字，借助拼音，读准字音。

第一步：尝试自读，遇到生字、认不准的字用铅笔圈出来，对照拼音多读几遍。

第二步：同位合作，把圈出来的字和生字表中的字读给对方听一听，读不准的相互帮助。

这一环节指导学生从"认读字音，扫清障碍"开始，基本要求是"读音准确——先拼读，后认读"。这一环节有助于培养学生有意识的识字与阅读习惯。

（3）重点探究，研读识字

① 多种方法识记，巧记字形，自主辨析。在扫清字音障碍后，需要让学生对字形有进一步的记忆。低年级学生对文字的感知能力较弱，对图片和声音的感知能力较强。教师在识字教学环节中应适时利用图片和音频，从视觉和听觉上提高学生们的识字兴趣。例如，识记生字"网"，观看字理演变小视频。识记生字"亮"，可以通过编儿歌的方式，"一点一横长，口字在中央。中间秃宝盖，几字在下方"，不仅能增强记忆，还发展了学生思维，学习了识记同类字的方法，再遇到"亭、高"时，学生就可以自主编儿歌识记了。

② 注重书写习惯，规范书写，应用实践。

第一，先让学生自主观察田字格里的生字，注意观察生字的结构，想一想笔顺，数一数笔画，特别注意紧邻横竖中线关键位置的笔画。引导学生学会观察的方法和角度，为自主识字打基础。

第二，认真看教师范写，并跟着书空感受运笔。

第三，学生描红、临写，教师随时评议，纠正学生书写姿势的"三个一"及评价书写效果。

该环节让学生在横竖撇捺间感受汉字之美，逐步树立正确的审美观，培养民族文化自豪感。

（4）学用结合，拓展延伸

如学习《动物儿歌》，可以引导学生继续寻找带有"虫"的字词，并总结这类字的规律。学习《人之初》，可以拓展阅读《三字经》中含有少年故事的部分文字，使学生不断将所学的知识灵活地根据不同情境进行迁移，在运用的过程中不断内化，与原有知识相互融合，融入学生的语言系统中，从而形成学生的语文素养。

2. 阅读课教学基本流程

（1）指导自学，收集整理

在学习新课之前，教师应制作自主学习单。自主学习单的设计要符合新课标要求和学生实际，一般包括课文朗读、认写字词、理解内容、收集资料等，可根据年级的不同，对学生提出不同的要求。

学生根据自主学习单在课前进行有目的、有步骤的自主学习生字、词语及课文，为学习新课做好知识准备。教师通过查看自主学习单的完成情况，可以比较准确地把握学生对教材的理解程度以及学生知识的起点，从而便于教师调整教学思路，合理分配教学时间，使教学更加有效合理。

本环节通过自学，帮助学生养成主动识字、独自阅读、独立思考的习惯，同时通过课前对资料的收集、分析、整理，也让学生的思维得到了发展。

（2）导入新课，交流反馈

上课伊始，导入新课，把学生快速带入学习的环境氛围中，激发学生的学习兴趣。导课的方式有两种：一是间接导课；二是直接导课。间接导课，即通过教师创设一定的教学情境，引出所要学习的课题。间接导入的方式很多，如故事导入法、谜语导入法、预习导入法（借助自主学习单）、歌曲导入法、画面导入法、游戏导入法、疑问导入法、视频导入法等。这些导入法的导入可以和教学内容有关，是对教学内容的一种铺垫和衬托；也可以和教学内容无关,目的是通过师生之间的游戏互动调动学生学习的积极性,让学生达到快乐学习的境界。直接导课,即开门见山直接明确学习的内容,板书课题,提出学习要求,学习新课。在导入环节,学生需要认真倾听教师及其他同学的发言,也要组织语言与教师、同学进行互动交流,学生的表达习惯、认真倾听的习惯都会得到训练。

如一年级《动物儿歌》一课,我们可以这样导入新课:孩子们,夏天快到啦!你们喜欢夏天吗?为什么?有六位动物朋友也很喜欢夏天,它们都藏在课文里呢,大家读一读,看看它们都是谁。这个环节可以迅速把学生带入情境,激发学生的学习兴趣,并在交流过程中训练学生把话说完整。

又如,二年级《雾在哪里》一文,可以设计这样的导入方式:孩子们,今天老师带来了一个谜语,自己读一读,看谁能猜出来。

> 像 云 不 是 云,
> 像 烟 不 是 烟,
> 风 吹 轻 轻 飘,
> 日 出 慢 慢 散。
>
> (猜一自然现象)

再如,三年级课文《在牛肚子里旅行》,可以采用游戏导入:孩子们,在上课之前老师想与大家玩一个看图猜物的游戏,你瞧这是什么?同学们的眼睛可真亮,它就是可爱的蟋蟀。你们喜欢这可爱的蟋蟀吗?不光我们喜欢,古代的文人墨客也常常将它写进自己的诗里。蟋蟀入诗最早便出现在《诗经》中(谁来读),南宋诗人叶绍翁也将它写进了诗中,你瞧蟋蟀还有另外一个好听的名字——促织,就连我们的民族英雄岳飞也在他的作品《小重山》中提到了蟋蟀,(一起来读)在《小重山》中,蟋蟀还被称作"蛩",你看蟋蟀的名字真不少呢。通过这样的导入,不仅激发了学生的阅读兴趣,还了解了古今中外诗人对蟋蟀的描写,把学生带入了充满语文味的课堂中。

导入新课后,按照自主学习单的内容组织全班交流,学生展示自主学习成果,建立学生对课文初步的认识,为深入阅读扫除障碍。教师通过这一环节检查并了解学生的自学情况。在组织全班交流的过程中，随机解决一些小问题，根据大多数学生的疑难问题，确定重点研读的内容，实现以学定教。

课堂教学需要经历以下几个环节。

① 检查交流。这一步主要是学生借助自主学习单汇报交流一下预习情况：对课文生字词的掌握；课文是否能够读得正确、流利；交流一下相关资料，质疑问难，梳理存在的共性问题。同时检查学生识字情况的方式方法要灵活多样。在交流中进一步落实小学语文核心素养中语文表达的口语表达以及语文习惯中良好的口语表达习惯。

② 识字、写字。在学生借助自主学习单汇报交流预习情况的基础上，教师还要根据学生的自主学习情况引导学生识字字形、理解词义、指导书写汉字。这一环节的实施，学生有效地进行汉字积累、词语积累、句子积累，并有意识地培养学生主动识字的习惯，在指导学生书写汉字时引导学生品悟汉字中蕴含的哲理和智慧，感受汉字的造型美，了解汉字的字意美，自觉传承中华优秀传统文化。

③ 整体感知。在学生熟读文本的基础上，借助自主学习单厘清文章脉络、了解文章主要内容、感知初步印象。在这一环节的落实中，教师要教给学生概括文章主要内容的方法，学习运用不同的方法概括不同问题的主要内容，学会在语文学习活动中进行思辨分析，在练习中提升对课文内容的总结梳理能力，也就是我们所说的把课文读薄。在这个过程中可以锻炼学生的概括能力、口语表达能力，使学生养成良好的表达和倾听习惯。

如《在牛肚子里旅行》这种故事类的课文，我们可以引导学生抓住文章的起因、经过、结果概括文章的主要内容。

散文类的文章可以引导学生先概括每部分的意思，再用段意合并法来概括文章主要内容。如五年级课文《父爱之舟》，可以这样设计：这篇课文的开头写作者刚刚梦醒，结尾写醒来，到底梦到了什么让作者哭湿了枕边呢？让我们运用第二单元学习的快速阅读方法去阅读第2~9自然段，借助关键词概括 "我"的梦中梦到了哪些场景？ 请大家按照"在什么时候，父亲干什么"的句式来概括。学生就很容易梳理出梦中的七个场景。

（3）自主研学，合作交流

教师紧扣学生自学中感到困惑的问题进行梳理归纳，构建深入学习的话题，引导学生深入阅读文本。问题的设计要有助于启发学生自主阅读。学生在问题的引领下通读全文，与文本进行深入对话，并对重点语段进行圈点勾画，获得丰富的个性化的情感体验，并揣摩、体会写法技巧。教师要留给学生比较充足的学习时间，让学生进行自主学习、探究。

在学生充分学习后，学生在学习小组内、全班进行交流，交流自己的阅读收获和感受，对于学生的困惑和不理解的问题，教师相机点拨、指导。在交流过程中，实现师生对话、生生对话、与文本对话，在思维的碰撞与启发中实现对课文的深度理解。

在这一学习过程中，学生需要对问题进行思考、辨析，并对同学的发言及时进行补充，学生的思维能力、口语交际能力都能够得到较好的发展和提升。

（4）重点探究，研读提升

在学生充分阅读、理解文本的基础上，教师要选择一个点引导学生重点探究，在探究中掌握语言规律，习得方法。重点探究内容的选择，针对语文学习内容的重难点、学生的兴趣点与疑点进行，可以是难理解的句段，也可以是有文字规律的语言，还可以针对习作方法，针对不同的课文内容进行抽取、选择。在这一环节中，教师要巧妙设计学习活动，针对具体的教学内容选择合适的教学策略，如讲解、朗读、对比、情境创设、文本重组、设疑、表演……对于学生的困惑点相机点拨、指导。引导学生抓住关键词句，丰富语言积累，培养语感，发展思维，掌握语言规律，学习并运用语言文字，在阅读中感悟语言文字的内涵，体会思想情感，实现工具性与人文性的统一。

如教学《穷人》一课时，引导学生重点探究：我们平时写人物首先要写的就是人物的外貌，而托尔斯泰却没有一句话写到桑娜的外貌。是托尔斯泰疏忽了吗？还是别有深意？我们一起来研究。然后引导学生发现作者对于桑娜的描写中最多的是心理活动描写，更加深刻地体会到桑娜的善良，感受列夫托尔斯泰心理描写的精妙。通过层层探究，发现通过作者精彩的心理描

170

写，已经穿透了人物的外表，看到了人物的内心世界，我们和桑娜已经心灵相通。当我们已经理解了一个人的内心，了解了一个人的本质，能够和他的心灵相通，和他的灵魂对话时，他的外貌已经不再重要。

（5）学用结合，拓展延伸

教师根据教学内容进行适度拓展学习，或阅读与文本内容、体裁等相关的文章，或整合本单元其他课文进行语言文字训练，或进行课堂小练笔，或欣赏学生习作等有语文特点的活动，使学生形成良好的语文素养。教师根据课文特点，根据训练的需要，可以从以下几个方面适当进行拓展训练。

① 语言积累。可以适当补充与文本主题一致的诗词、佳句、段落，让学生阅读积累。

② 可以提供补充阅读书目。书目必须与本课在写作手法、意境创设等方面有一定的联系，要有一定的阅读要求，不做无目的的"无病呻吟"。

③ 小练笔。这里的小练笔主要指阅读课堂教学的书面练习。这种练习主要紧扣单元训练重点，目的在于使学生将凌乱的知识梳理为有序的积累，并运用到生活实际中去，使知识向能力转化，使理解、积累向运用转化。可仿写、续写、写感受……

如《父爱之舟》一课，就可以设计这样的拓展内容：请大家拿出阅读材料，这两段文字也是借助场景来表达父亲对孩子的爱，我们运用刚刚学到的方法去阅读这两个场景，看看作者通过哪个细节表达出了父亲对孩子的爱？画出打动你的细节，进行细细品味。

如《动物儿歌》一课中，在学习了形声字的构字规律后，可以设计这样的拓展识字：看，按照这个规律，我们只要认识生字的声旁这一半，就能判断出这个字的读音了。大家能不能根据形声字的这个特点试着去认识其他小动物的名字呢？（大虾、蚊子、蚜虫、蜈蚣、蚂蟥、蝈蝈）

这个环节引导学生自主识字，拓展认识8个带有虫字旁的形声字，给学生带来学习的成就感，进一步巩固了形声字的构字规律。

如《顶碗少年》一课，根据课堂所学设计了这样的拓展训练：今天的课堂上我们学到了面对失败时应该如何去做，还学习了两种表达方法：侧面描写、引人深思的结尾。

下面请大家运用今天学到的方法修改《拔河比赛》。

修改要求：给第3段在适当的地方增加侧面描写烘托气氛。

3. 习作课教学基本流程

（1）课前自学，收集整理

课前让学生读读题目要求，明确本次习作要求，根据习作要求，确立写作对象，进行细致了解，提前对写作对象进行写前准备，培养了学生留心观察周围事物、积累习作素材的习惯，也使学生的思维得到了发展。以五年级下册第四单元习作"形形色色的人"为例，可以让学生提前确定自己要写的人，进行细致观察或是进行采访等，自由地深入生活选取素材并加以整理，以便进一步熟悉、了解写作对象的特点。

（2）导入新课，交流反馈

根据习作要求的不同，可用直观演示的方式导入，可从生活实际导入，可以讲故事的方式导入，也可自创情境导入，让学生渐入佳境，激发学生的习作欲望，培养了学生倾听的习惯，通过观察、想象、联想等使学生的思维得到发展。以五年级下册第四单元习作四"形形色色的人"为例，上课开始，可以创设情境，让学生边欣赏图片边渲染气氛：我们每天都会接触到形形色色的人，小区里锻炼身体的爷爷奶奶，学校里的老师、同学，还有上学时遇到的公交车司机、维持秩序的交通警察……让学生说一说你最近遇见过哪些人？他（她）给你留下了什么印象？引起学生的回忆，开启学生的写作之旅。

写作前，交流反馈学生的自学情况。再次读题目，明确习作要求。设计互动环节，让学生谈一谈对此次写作对象的了解或掌握的初始印象，以便教师进行下一步的指导。在这个过程中，锻炼了学生的概括能力、口语表达能力，培养了学生乐于倾听、乐于与别人分享的习惯，逻辑思维能力也得到了提高。以五年级下册第四单元习作四"形形色色的人"为例，可围绕下列问题组织交流：你对谁印象最深刻？具体说说他（她）给你印象深刻的原因，你打算选取什么典型事例来表现他（她）的特点？

（3）自主研学，合作探究

课文是最好的范文，充分利用课本资源，让学生回顾本单元课文学习过程中学到的习作方法，引导学生围绕习作主题自主思考习作内容，通过同桌交流、小组交流、全班汇报等多种对话形式激发学生写作欲望，让每个学生都有机会说一说、评一评，激发学生自主、合作、探究的热情。在回顾、思考、交流中，培养了学生良好的倾听习惯，提高了口语表达能力，学会了与他人合作，发展了逻辑思维，在交流中积累了习作素材。以五年级下册第四单元习作四"形形色色的人"为例，让学生确定写作对象，他（她）有什么特点，再想选取哪个典型事例来表现他（她）的特点，运用哪些写作方法来刻画人物特点。学生自主思考后，小组讨论，全班汇报，打开了学生的写作思路。

（4）重点探究，研读提升

针对本次习作的重点、难点，从审题、立意、选材、布局等方面进行进一步的细致指导，使学生在写作前再次明确本次习作"写什么""选什么写"和"怎么写"，进一步厘清习作思路。在这个过程中，发展了学生的思维，增加了学生的语文积累，培养了学生的表达能力，提高了学生布局谋篇的能力，激发了学生的探究热情，使学生树立了习作的自信心。以五年级下册第四单元习作四"形形色色的人"为例，教师对怎样把一个人的特点写具体进行进一步的指导，让学生小组内交流后，全班展示，教师根据学生汇报交流的情况进行评价总结，本次习作注意以下几点：一是选择一个人，把他的特点写具体；二是选取最典型的事例来表现他的特点；三是运用本单元学过的描写人物的方法，把人物的特点写具体。

（5）学用结合，拓展延伸

让学生将自己的所思所想所感变成书面语言，将内容写具体、写生动，独立完成习作，表达出真情实感，教师随时进行个别指导。在这个过程中，使学生养成有条理地表达自己的见解的习惯，学生的思维得到了提高，养成乐于习作的习惯。以五年级下册第四单元习作四"形形色色的人"为例，在学生写作前，再次提醒学生选用典型事例，运用本单元学过的描写人物的方法，把人物的特点写具体。

习作完成后学生自己阅读并修改，保证句子通顺，没有错别字。发挥小组的作用，在组长的带领下，对照习作要求互相修改，发现习作中好的写法、语言等，在小组或全班交流，欣赏优秀习作。在欣赏基础上，教师提取作文纠错样本，引导学生关注习作中普遍出现的问题。同时，每次习作讲评都可以选择一个有针对性的习作训练点加以指导。讲评后可通过自主修改、小组互评等方式进行重新修改和补充完善。在这个过程中，培养了学生修改作文的意识和独立修改习作、乐于与别人交换修改习作的习惯，使学生的习作能力得到有效提升。以五年级下册第四单元习作四"形形色色的人"为例，发现普遍出现的问题是学生不能抓住人物的语言、神态、动作来刻画人物，描写不够具体。这时，教师就可以出示作文纠错样本，针对刻画人物特点的方法加以指导，并让学生用修改符号进行修改，激发学生修改的兴趣。

4. 口语交际课基本教学流程

（1）指导自学，了解话题

口语交际之前，学生需要明确内容，知晓要求。学生自学交际话题，弄清楚本次口语交际的主要内容是什么，有哪些要求。然后围绕主题，收集相关资料。

有些话题学生需要围绕话题提前收集资料，做好充分的准备。教师在课前布置任务时，要考虑学生的实际情况，任务布置尽量有具体的方法提示，让学生知道做什么，该怎么做。特别是低年级，教师要细致引导，提示学生从哪些方面、哪些途径去收集资料，如回顾生活经历、访谈请教、查阅资料、观察体验等。

（2）情境创设，导入新课

口语交际是听说双方的互动过程，教学活动主要在具体的交际情境中进行。教师应该根据相关教学内容创设教学情境，或生活情境，或社会环境，在这些活动中与学生谈话，归纳引入新课。

如一年级上册口语交际《该怎么办》教学一开始，可以创设几种情境：①美术课上，小刚忘了带彩色笔。②放学了，下起了大雨，郭阳没带伞。然后让学生说一说：假如你遇到这样的问题，你会怎么办呢？这一环节联系学生丰富的生活，为学生提供了引起观察和思维变化的情境，从而引发学生的好奇心，激发学生的说话兴趣。

（3）自由表达，合作交流

这一环节的目的是让学生明确本次口语交际的目的，并通过尝试表达、小组合作、全班交流等方式研究交际话题，提炼交际方法。

① 明确本次的交际目的后，学生根据交际情境自主表达，教师帮助总结提炼倾听、表达等交际方法及注意事项，解决自主研学时遇到的困难和问题。

② 提炼总结交际方法后，小组进行合作交流，实践操练各种不同的情境。合作内容主要有三项：一是交流，针对交际的话题，小组成员交流、表达自己的观点，小组成员共同倾听并进行归纳汇总，从而初步小结交际的内容和方法。小组成员互相补充，研究口语交际中遇到的困难和问题。二是提炼总结交际方法后，小组分工合作，实践操练。再具体到情境中表演、表达，在实践中提升交际能力。三是分工，确定小组展示时用什么形式，小组成员表达什么内容，发言的顺序怎么安排，表演前应做哪些相应的准备等。

③ 全班交流展示。小组展示互动交际的成果，表达见解与感受，其余同学认真倾听，积极应对。通过班级展示环节，规范口头语言，形成良好的听说态度和语言习惯。

（4）学用结合，延伸话题

① 精心设计学生感兴趣的交际话题或是调动学生生活记忆，打开学生的"话匣子"，让学生再实践、再演练，巩固课堂学到的交际方法。

② 口语交际除了发挥课堂这一阵地的指导作用，还要拓展交际的内容和形式。鼓励学生把口语交际从课堂引向课外，带入生活，学以致用。

四、指向学生语文学科核心素养提升的小学语文单元整合的基本教学流程

1. 课程整合目标

小学语文是按照主题单元进行编排的，学科核心素养的提升需要用好语文教材，通过一个个单元、一篇篇课文的学习去实现语文学习的目标。因此，单元整合教学就势在必行。小学语文学科教学实施课程整合的具体目标如下。

（1）教材内容整合

教材内容整合是以课程标准为基础，综合考虑教材内容、学情和教师教学优势等因素，对语文教材的教学内容进行整合，增强内容之间的联系，高质量地完成教学任务。

（2）课内阅读与课外阅读整合

课内阅读与课外阅读整合是在进行教材内容整合的基础上，开展"群文阅读"和"整本书阅读"教学。通过实施"群文阅读"和"整本书阅读"，最终达成扩大学生阅读量、提高阅读能力、促进读写能力的目标。

（3）语文课程与地方课程整合

语文课程与地方课程整合是将地方课程中的传统文化因素有机融入语文教学。通过整合，减少课程门类在知识上的交叉重复，增进学生对传统文化尤其是经典古诗文的亲近、了解、领悟和积累，加深学生对祖国语言文字的热爱，提高学生的语文素养。

依据这样的目标，可以把一个单元分成八种课型来进行整体设计和教学。课型1：单元预习课；课型2：精读感悟课；课型3：阅读训练课；课型4：习作训练课（进行口语交际、习作指导、习作讲评）；课型5：群文阅读交流课；课型6：整本书阅读交流课；课型7：综合实践课；课型8：单元整合复习课。

2. 单元预习课的基本教学流程

与传统的"一课一预习"的课前预习不同。"单元预习"是以教材中整体单元为依托，学生在教师的引导下，自主地从单元整体入手，对单元选文内容、体裁特点、语言特色等进行系统感知和积累。这也与课程标准所提出的"重视良好的语感和整体把握的能力"相符合，是语文学习过程中的重要组成部分。一般包括：①了解主题，明确重点；②自主预习，整体感知；③字词过关，书写生字；④浏览课文，粗知大意；⑤诵读积累，阅读推荐。

3. 精读感悟课的基本教学流程

单元整体理念下的"精读感悟课"是从一组单元中挑选一篇文体特点较为突出、比较有代表性的文章进行精读感悟，精讲精练，达到明确本单元主要读写方法的作用，以此触类旁通。一般包括：①交流预习，整体感知；②整合疑难，自读自悟；③情感朗读，增强语感；④合作探究，展示提升；⑤归纳学法，拓展延伸。

4. 阅读训练课的基本教学流程

阅读训练课就是从一组单元的课文中通过"1+X"的方式对课文进行整合，整合在一起的几篇课文在语文要素的体现上或是表达方式上要有相同点，有利于对学生进行语文要素或表达方法的训练。可以是一篇精读带一篇略读，也可以是一篇精读带课外的一篇文章。一般包括：①导入新课，检查预习；②聚焦表达，品读语言；③抓点提升，及时训练；④课堂小结，推荐阅读。

5. 习作训练课的基本教学流程

听、说、读、写是小学语文教学的重要内容，阅读与写作两者密不可分，阅读是写作的源泉，写作是阅读的升华。学生通过精读感悟课和阅读训练课的学习，学会了表达方法。接下来，习作训练课旨在把阅读教学、口语交际与习作教学有机结合，做到读写结合、说写结合，实现知识与能力的迁移和发展。习作训练课又包括作前、作中和作后的指导。作前指导的基本流程：①回顾文章，谈话导入；②创设情境，方法指导；③畅所欲言，真情交流；④点评总结，引导提升。

作后指导的基本流程：①欣赏：让习作快乐起来；②挑刺：让语言精练起来；③指导：让能力发展起来。

6. 群文阅读交流课的基本教学流程

群文阅读交流课是教师围绕一个或多个议题选择一组文章，推荐学生课外阅读，课内围绕群文议题展开交流，达到课内学方法、课外学运用的学习目标。意在改变教师的教学方式，并由此改变学生的学习方式。把更多的群文引入课堂中，加强教学的有效性。一般包括：①导入谈话，主题回顾；②阅读概述，整体感知；③对比赏析；④片段分享；⑤联系实际，主题拓展。

7. 整本书阅读交流课的基本教学流程

群文阅读的整合教学，让学生达到了课内学方法、课外学运用的学习目的。但相对于小学生阅读能力的提高，这还不够，新课标在教学建议部分有这样的表述："要重视培养学生广泛的阅读兴趣，扩大阅读面，增加阅读量，提高阅读品位。提倡少做题，多读书，好读书，读好书，读整本的书。"可见，读整本书的意义更为重要。如何引导学生阅读整本书，作为一线的语文教师，应该思考如何让孩子的阅读从课内走向课外，掌握一定的阅读方法，欣赏积累语言，让他们学会阅读、学会思考，让课外阅读更高效。一般包括：①赏析形象；②品味语言；③交流感受；④背诵经典。

8. 综合实践课的基本教学流程

语文课程是一门学习语言文字运用的综合性、实践性学科。新课标要求语文教学应努力体现语文课程的实践性和综合性，增加学生语文实践的机会，充分利用各种资源，开展综合性学习活动，拓宽学生的学习空间。一般包括：①设计活动；②交流展示；③点评提升。

9. 单元整合复习课的基本教学流程

单元整合复习课是对知识、能力、文化、个性的综合考查，这就对学生提出了两个层次的要求：知识积累能力和拓展提升能力。因此，单元整合复习课，除了帮助学生回顾梳理单元内容外，还要依据学情设计，真正关注学生发展，让不同层次的学生通过单元复习都有发展和提升，让每位学生都有所收获。一般包括：①情境导入；②围绕主题，整体回顾；③字词复习，夯实基础；④聚焦表达，品味语言；⑤学以致用，提升练习。

第四节　小学语文学科核心素养
提升的课堂教学评价

　　要开展基于语文核心素养的小学语文教学改革，提高学生的核心素养能力，就需要反思教学效果是否有效，首先看日常教学中每一节课是否达成了学习目标。在学习目标达成过程中，教师的教学设计是否起到了预期的作用。下面就是否落实核心素养的目标，结合具体的课堂观察来加以说明。

1. 小学语文核心素养课堂评价要素

　　按照梳理出的小学语文学科核心素养落地的重要维度：语文习惯、文化传承、语文表达、思维发展、语文积累、审美体验。要想验证学生的语文核心素养水平，就离不开对语文习惯、文化传承、语文表达、思维发展、语文积累、审美体验六个维度二十一个指标的评价。

　　如果在一堂课中同时对这六个维度二十一个指标进行评价，发现会顾此失彼，很难有科学的数据。要想验证学生核心素养的能力，就需要把这六个维度二十一个指标进行分解，分解到不同学段的课堂上。教师会根据观察的需要来确定每堂课的观察点，这样，通过不同年级、不同课型的语文课来验证学生的语文核心素养能力是否得到了发展。

2. 小学语文核心素养课堂评价的方法和策略

　　课堂观察是课堂教学效果评价常用的一种研究方法，是指观察者将研究问题具体化为一个个观察点，观察者运用观课量表对一个个观测点进行收集、描述、记录相关的数据信息，再根据观课过程中记录的相关数据对观察结果进行反思、分析、推论，以此来促进被观察者反思教学行为，促进学生的学习。课堂观察可以帮助教师获得课例研究的直接证据，是研究课堂的有效工具。而语文学科的课堂观察也是语文课堂教学效果研究的一种重要方法。教师根据每一堂课的观察要点，把观察要点设计到表格中，通过课堂观察来验证本节课的教学内容是否落实到核心素养，也可以通过记录学生的学习表现来验证设计的学习目标是否达成。

（1）设计学生语文核心素养课堂评价量表

为了研究语文核心素养是否得到落实，可以利用语文核心素养课堂评价量表，通过语文课堂观察的形式，记录核实素养指标是否得到了很好的落实，需要改进、补充的内容等。

语文核心素养课堂评价量表主要项目包括评价项目、课堂表现形式、细节亮点记录等内容。其中，评价项目有语文习惯、语文积累、语文表达、思维发展、审美体验、文化传承六大方面。语文习惯包括语文核心素养指标体系里面的九大学习习惯；语文积累包括积累字词及多种理解方法、积累句段及运用仿写、积累篇章并语境运用等方面；语文表达包括创设情境锻炼口语、抓住时机训练书面表达、多元评价互动交流等；思维发展又分为引导观察、理解体会、想象联想，学习概括、整理资料、引导运用语言工具，自主探究、合作探究、注重解决问题九个维度；审美体验包含学科核心素养里的三大方面；文化传承包括关注中华优秀传统文化、了解社会主义先进文化、关注多元文化。语文核心素养课堂评价量见表3-4-1。

表3-4-1

评价项目	课堂表现形式			细节亮点记录
语文习惯 （10分）	识字游戏□	识字方法□	多种评价□	
	爱惜学习物品□	注重姿势□	美观整洁□	
	爱惜图书□	激发浓厚兴趣□	组织多样活动□	
	表达形式多样□	评价中注重引导□	重视倾听习惯□	
		方法□		

续 表

评价项目	课堂表现形式			细节亮点记录
语文积累 （20分）	积累字词及多种理解方法□	积累句段及运用仿写□	积累篇章并语境运用□	
语文表达 （20分）	创设情境锻炼口语□	抓住时机训练书面表达□	多元评价互动交流□	
思维发展 （20分）	引导观察□	理解体会□	想象联想□	
	学习概括□	整理资料□	引导运用语言工具□	
	自主探究□	合作探究□	注重解决问题□	
审美体验 （20分）	感受汉字美□	关注语言美□	感悟情感美□	
文化传承 （10分）	关注中华优秀传统文化□	了解社会主义先进文化□	关注多元文化□	

（2）语文核心素养课堂观察的一般流程

第一，选取观察点。选取可操作性且能够具体化的观察点。比如，在观察《圆明园的毁灭》一课时，依据观察者制定的教学目标，设计了"学习目标达成度"观课量表，在观课过程中，对教学目标在教学活动中的达成度进行了观察。因一堂课需要观察的点比较多，可以通过几个小组，从不同的观察点来设计观课量表进行观课，从而更全面地考察教学目标达成的情况。

第二，设计观察量表。将观察点分解为可以观察的课堂行为指标，依据观察指标设计课堂观察量表。比如，以"学生的课堂参与"为观察点，将其分解为倾听、互动、朗诵等行为指标，就可以容易观察到学生的课堂行为；如果将其分解为认知参与、情感参与等行为指标，则很难观察到学生的课堂行为。

第三，开展课中观察。课中观察是指观察者走进被观察者的课堂，按照课前设计的观课量表对所需要的信息做记录。观察者进入课堂后要迅速选择观课对象并选取最佳观课位置做好观课准备，按照观课量表设计要素将观察的内容做好详细记录，记录力求做到具体、详细，对于多个观察点的研究，可以几个观察者一起分工合作，各尽其职，使课堂观察更加全面。

第四，撰写观课报告。观课报告是指观课结束后，观察者通过观课量表记录的数据，针对课堂教学现象、问题与被观察者一起进行深入的讨论和总结。观课报告包括数据分析、问题呈现、改进建议等。在撰写观课报告时要遵循客观公正的原则，对被观察者的交流要保持礼貌、合作的态度，并争取能够为教学提供实质性的建议。

（3）语文课堂的观课模式

如何科学地对一堂课进行客观评价，需要用数据说话。通过实践发现，语文课堂的观察重心主要是获得课堂评价是否提高了教学的有效性，可以设计语文"小窗口"观课模式。

所谓"小窗口"观课模式，是指课堂观察设计的观察点要尽可能聚焦，可以撷取课堂教学的某一片段来进行分析，从而对课堂效果及其成因进行推断，为执教教师提出教学建议，忌求大、求全，面面俱到。可以设计如下的观课量表（见表3-4-2），学生课堂学习行为记录表（见表3-4-3）。

表3-4-2

授课人：　　　　　　班级：　　　　　课题：　　　　　　观察者：

观察区域	所在座区：□前方左区 □前方右区 □后方左区 □后方右区
学习目标	（由执教人填写）
评价任务	（由执教人填写）

表3-4-3

学习任务	学习环节	预期行为	可能行为	观察对象	学习行为	疑似学习行为	非学习行为	课堂调整记录
（由执教人填写）	（由执教人填写）	（由执教人填写）	（由执教人填写）	生1				
				生2				
				生3				
				生4				
				生5				

运用观课量表，我们对某教师执教的《圆明园的毁灭》一课进行了观察，选取的观察点是"教学目标的达成度"，观察对象是本班后方右区的5

名学生。

我们结合本次观课的部分数据，对学生的任务达成度进行分析，并写出观课报告如下。

《圆明园的毁灭》观课报告

一、简要说明

本次观课过程中，依据学生座次，选取了后方右区的5名同学作为观课对象，其他三组教师分别选取了前方左区、前方右区、后方左区的5名同学作为观课对象，根据分工，我们选取的是"学习任务一"的目标达成情况作为观察点，结合所有观课教师对这一观察点记录数据，整理如下。

本环节设置的教学目标是"学生理解课文内容"，制定的评价任务是"从课文中找出体现圆明园的毁灭是不可估量的损失"的语句，至少2句，通过"走进辉煌的圆明园"这个活动来达成教学目标。从观课量表记录的数据来看，选取的20名观课对象，有17人积极参与本次教学活动，并能完成教学目标，有2人出现疑似学习行为2次，有1人出现非学习行为1次。

二、观课分析

通过观察，我们发现，在这一学习任务的教学过程中，有85%的学生能积极参与到学习中来，且能够完成学习任务。在达成学习目标的过程中，老师根据新课标规定的年段目标、文本特点、学生的实际情况，在教学过程中采用质疑、读中感悟等多种教学策略，引导学生自我领悟。教学流程很恰当，环环相扣，水到渠成。提问的环节也能紧扣评价任务，提问目的很明确，学生感悟深刻，语言文字理解到位。通过以上分析，我们认为本节课的学习目标达成度是很高的，究其原因，在于教学设计的评价任务明确，能够有效引导学生开展学习活动，并能根据评价标准及时矫正学习行为，从而为学生发展核心素养创造条件。

经过大量的课例分析，我们发现，一是依据课程标准制定符合国家教育目标的课堂学习目标固然重要，但学习目标的"导学"功能有限。二是课堂教学中评价任务的设计，可以使学习目标的达成度变得可观、可测、可评价。三是评价量表的开发，特别是评价标准的设计，对教与学两个方面都有很强的规范、矫正作用，确保了教学方向不偏离学习目标。四是评价任务的情境设计，为激发学生的学习动机创造了条件，为后续教学活动的开展奠定了基础。基于学生发展核心素养的课堂，学生的学习始于评价任务，历经学习活动，终于学习目标，评价标准对师生教与学的行为起着引领、矫正作用，从而确保了课堂朝着预定的目标前进。

3. 小学语文核心素养课堂评价量表的不同类型

小学语文核心素养落地途径之一：语文客观性评价量表的使用。

第一学段汉字积累目标：认识常用汉字1600个左右，会写常用汉字800个左右。具体到二年级上册第3课《植物妈妈有办法》这一课，积累目标聚焦为：认识植、如、旅、备、纷、刺、底等汉字；会写法、脚、娃、毛、知、如等生字。

根据以上学习目标，设计了如下评价：核心素养落地的重要维度——语文习惯、语文积累、语文表达、思维发展、审美体验、文化传承，语文积累的评价经常用到客观性评价方式。语文积累包含：汉字积累、词语积累、句子积累、篇章积累。下面列举了汉字积累（见表3-4-4）和句子积累评价（见表3-4-5）。

表3-4-4

评价项目	课堂表现形式			细节亮点记录
年级：一年级	评价要点：字词积累	良好	优秀	
关注语文积累	积累字词及多种理解方法□	认识、能读正确□	认识、能读正确、能理解□	
关注思维发展	引导观察□	理解、体会□	想象、联想□	
	学习概括□	整理资料□	引导运用语言工具□	
	自主探究□	合作探究□	注重解决问题□	
关注审美体验	感受汉字美□	关注语言美□	感悟情感美□	

表3-4-5

评价项目	课堂表现形式			细节亮点记录
年级：二年级	评价要点：句子积累	良好	优秀	
关注语文积累	背诵并完成按课文内容填空□	能背诵正确□	能背诵、能完成口头填空□	
关注思维发展	引导观察□	理解体会□	想象联想□	
	学习概括□	整理资料□	引导运用语言工具□	
	自主探究□	合作探究□	注重解决问题□	

小学语文核心素养落地途径之二：语文表现性评价的使用。

表现性评价是一种能力评价，可以测量出学习者先前所获得的知识解决新问题或完成任务的一系列尝试。在小学语文核心素养提升过程中，表现性评价应用更为广泛。在开发表现性评价任务的时候，主要关注两个方面：一是依据学生实际情况，结合学习内容，设计出评价的表现性任务；二是设计相关的表现性评价评分标准。

学生核心素养能力培养中，习惯、表达、思维、审美等方面都需要表现性评价来验证，通过表现性评价验证学生的核心素养能力是否得到了发展，是否在前面学习的基础上有了提升。新课标中明确提出语文课程要培养学生语言文字运用能力，提升学生的综合能力。学生语文学习的综合能力主要体现在听、说、读、写几大方面。而听说读写能力的提升仅仅靠客观性评价是做不到的。

小学语文核心素养落地途径之三：语文过程性评价和结果性评价相结合。

在小学语文教学评价构建中，必须对评价的内容进行细化。要改变原来每学期一次的结果性评价，更多地融入过程性效果评价，而且在语文课堂教学评价中，考虑的因素也更加全面。在平时的过程性评价中，已经对听说读写部分的内容进行了评价，通过这样的日常综合性评价，学生的学习能力得到不断提高。可见，过程性评价和结果性评价是同样重要的，需要结合使用。

过程性评价是一个对学习过程的价值进行建构的过程，是在学习过程中完成，是重在强调学习者适当的主体参与，是一个促进学习者发展的过程。在过程性评价中，学生、家长、教师都是评价活动的参与者。同时可以在不同阶段进行评价，对学生的评价会更全面。评价的内容也更多样化，有一个活动中的评价，有一个单元学完后的评价。当学生在评价过程中发现了哪些不足的地方，可以随时进行调整。

结果性评价是在一个学期或学年语文教学结束后为判断其效果而进行的纸笔方面的评价。结果性评价是现在小学语文教学中普遍采用的评价方式，其优点就是评价内容的设计一般是经过科学设计的，比过程性评价更规范，便于统一组织、统一标准，评价结果利于分析和量化。每个学期、学年组织结果性评价是很有必要的。在语文改革实践中，不能仅仅通过结果性评价来评价学生的语文学习情况。因为结果性评价注重结果，对学生学习过程中能力的提升作用不大，只有学生在过程中不断努力和提高，学生的结果性评价才会好。只有把过程性评价与结果性评价结合，才能从日常语文学习和生活中提升学生的语文核心素养能力。